GRAMMAIRE PHILOSOPHIQUE.

TOME SECOND.

GRAMMAIRE PHILOSOPHIQUE,

OU

LA MÉTAPHYSIQUE.

LA LOGIQUE, ET LA GRAMMAIRE,

RÉUNIES EN UN SEUL CORPS DE DOCTRINE.

Par DIEUDONNÉ THIEBAULT, *Professeur aux Ecoles centrales, membre de l'Académie royale de Berlin, et de la société-libre des Sciences, Lettres, et Arts de Paris; auteur du Traité du Style, et des Principes de Lecture et de Prononciation.*

TOME SECOND.

A PARIS,

Chez COURCIER, Imprimeur-Libraire, rue Poupée-André-des-Arts, n°. 5.

AN XI. — 1803.

Livres qui se trouvent chez le cit. COURCIER, *imprimeur-libraire, rue Poupée, n°. 5.*

Cours de Mathématiques à l'usage de la marine, du commerce, et des Elèves de l'Ecole polytechnique, par Bezout; troisième édition, revue et augmentée par Garnier, professeur à l'Ecole polytechnique, et renfermant toutes les connaissances pour l'admission à cette Ecole.

Le citoyen Garnier ayant été chargé, par un arrêté du *Conseil de cette Ecole*, de faire imprimer les analyses de ses leçons en un format in-4°., pour être distribuées aux Elèves, nous les avons réimprimé in-8°. : elles contiennent le *Calcul différentiel et integral* (a) : ce qui fait un cours complet en quatre volumes, savoir :

L'*Arithmétique*, 1 vol. in-8°.	2 f. 50 c.	17 f. 50 c.
La *Géométrie*, 1 vol. in-8°.	4 f	
L'*Algèbre*, 1 vol. in-8°.	5 f.	
Calcul différentiel et intégral, 1 vol. in-8°.	6 f.	
La *Mécanique*, 2 vol. in-8°.	10 f.	
La *Navigation*, 1 vol. in-8°.	5 f.	

Cours élémentaire et complet de Mathématiques-pures, rédigé par la Caille, 6 f. 50 c.

Elémens d'Algèbre, par Clairaut, sixième édition, avec des notes et des additions très étendues, par le citoyen Garnier; précédés d'un traité d'Arithmétique, par Théveneau, et une instruction sur les nouveaux poids et mesures. 2 vol. in-8°. Prix 9 fr.

Cours d'analyse algébrique, à l'usage des Elèves de l'Ecole polytechnique, rédigé en conformité du programme arrêté par le *Conseil de perfectionnement* de cette Ecole, précédé de notes sur la partie élémentaire de l'Algèbre, par Garnier, 1 vol. in-8°. Prix 4 f.

Séances des Ecoles normales, 9 vol. in-8°., et un cahier de 28 planches. Prix 45 f., franc de port.

Ceux qui voudront recevoir ces ouvrages francs de port, ajouteront aux prix ci-dessus, 1 f. 50 c. par volume.

Cours d'Arithmétique, à l'usage des Ecoles centrales et du commerce; par Theveneau, in-8°. fr. de port, 4 f.

De la Résolution des Equations numériques de tous les dégrés, par J. L. Lagrange, in-4°. fr. de port, 12 f.

Elémens d'Algèbre, par Léonard Euler, traduit de l'allemand, avec des notes et des additions; nouvelle édition revue et corrigée; 2 vol. in-8°. fr. de port, 12. f.

Introduction aux sections coniques, pour servir de suite aux élémens de géométrie de M. Rivard; par M. Mauduit, professeur de mathématique, 1 vol. 2 f.

Récréations de mathématiques de Guyot, nouvelle édition, 3 vol. in-8°. avec 100 fig., fr. de port, 18 f.

Tables portatives de logarithmes, contenant les logarithmes des nombres depuis 1 jusqu'à 108000, par Callet, 1 vol. in-8°. franc de port, 16 fr.

(a) Ce volume fait suite aux deux volumes de Mécanique.

GRAMMAIRE PHILOSOPHIQUE.

TROISIÈME PARTIE.

De la Logique et de la Syntaxe dans nos jugements et dans nos propositions.

(75°.) On définit ordinairement la *logique*, l'*art de penser.* Comme ce mot vient du mot grec *logos*, qui signifie *discours*, il semble qu'il seroit plus juste de dire que la *logique* est l'*art de discourir*, c'est-à-dire, l'*art de penser* et *de parler.* Au lieu du nom de *logique*, on emploie souvent celui de *dialectique*, dérivé de *dialégézaï*, autre mot grec, qui signifie *raisonner et discourir.* Autrefois même, on a donné à cet art, le nom de *canonique*, venant encore de la même langue, c'est-à-dire, du mot *canon regle*, l'objet de la logique étant de nous apprendre les regles qu'il faut suivre pour faire un bon emploi de la raison; c'est-à-dire, pour diriger et perfectionner l'usage de nos facultés intellectuelles, soit en ne les considérant qu'en elles-mêmes et dans les actes intérieurs de l'esprit, soit en les considérant dans la manifestation que nous avons à en faire, telle qu'elle existe dans le langage.

Le mot de *syntaxe* vient également du grec: il est composé de deux racines *syn (cum, avec)* et *tasso (ordino, je range).* La syntaxe est donc en Grammaire, l'arrangement des mots entr'eux, selon les principes établis dans les langues; ou plutôt, c'est la partie de la Grammaire qui renferme dans un ordre méthodique, et présente dans un développement convenable, les moyens usités et reçus dans les langues, pour lier sensiblement les mots entr'eux, par les mêmes rapports que nous appercevons entre nos idées ou nos pensées, et que nous voulons reproduire dans le discours. S'il est vrai que le but du langage soit de faire connoître aux autres, nos perceptions et nos affections, comme aussi de nous en rendre un compte plus exact à nous-mêmes ; il est évident que le traité de la *syntaxe* est la partie la plus essentielle de la Grammaire, celle pour laquelle les autres existent, et sans laquelle celle-ci seroient entièrement inutiles.

La *syntaxe* a donc pour objet de nous apprendre comment les langues parviennent à exprimer toutes les especes de rapports dont la perception constitue la raison humaine ; et la *logique* a pour but de nous donner les regles propres à développer, rectifier, et perfectionner l'exercice des facultés qui nous font découvrir ces mêmes rapports. En nous rendant ce premier service, la logique y en joint encore un autre, qui en est la suite, celui de répandre un grand jour sur la doctrine que renferme la syntaxe, et de justifier les langues dans le choix et l'usage des procédés qu'elles ont adoptés ; justification qui résulte de la comparaison de ces procédés avec la base sur laquelle ils se fondent, et avec le but où ils doivent nous faire aboutir.

Ainsi la *logique* et la *syntaxe* sont essentiellement dépendantes l'une de l'autre : celle-là ne peut manifester aucun principe qui ne devienne loi pour celle-ci, laquelle à son tour offre toujours dans sa marche, des indications précieuses au philosophe : la *logique*, privée du secours de la *syntaxe*, devient une puissance sans appui et sans instruments : la *syntaxe*, privée du secours de la *logique*, n'auroit à nous proposer qu'un langage discordant, fondé sur des regles arbitraires et de routine. L'une de ces deux parties est plus ou moins connue dès que l'autre est convenablement traitée ; parce que donner l'une, c'est développer ou motiver l'autre. Aussi voyons-nous que toutes les logiques en général contiennent autant de préceptes de langage que de raisonnements philosophiques ; et que dans les Grammaires un peu estimées, il y a autant de raisonnements philosophiques que de préceptes de langage. C'est donc avec raison, que nous regardons comme juste et convenable, la réunion de ces deux sortes de sciences en un corps de doctrine, ainsi que nous l'avons déjà observé.

Si l'on se rappelle ici que le véritable but de la *logique* et de la *syntaxe* est de nous conduire à la vérité, à la fidélité, à la clarté, et à la certitude, tant dans nos conceptions, pensées, et raisonnements, que dans nos communications mutuelles ou dans notre langage ; on verra qu'à la rigueur il faudroit, pour bien étudier ces deux sciences, les suivre toutes deux ; 1°. dans nos idées et dans nos mots ; 2°. dans nos jugements et dans nos propositions ; 3°. dans nos raisonnements et dans notre argumentation, et 4°. dans nos plans et compositions, ou dans notre méthode. Mais nous avons recueilli dans la partie précédente de cet ouvrage, tout ce qu'il y a de vraiment utile à nous apprendre sur le premier de ces quatre objets ; et d'un autre côté, le dernier ne pouvant nous offrir que peu de détails, ne doit naturellement être pour nous, que la matière d'une sorte de conclusion. Nous n'avons donc à reprendre avec quelque étendue, que le second et le troisième des quatre objets indiqués ci-dessus ; le second dont nous avons à nous occuper en ce moment, et le troisième par où nous terminerons notre travail.

La tâche que nous avons actuellement à remplir, semble ne pouvoir pas mieux se diviser qu'en quatre chapitres, dont le premier traite des jugements et des diverses parties qui peuvent y entrer; le second, des propositions en général, des parties qui les composent, et des principales especes qu'on en distingue ; le troisième, de la syntaxe des différentes parties d'oraison ; et le quatrième de la syntaxe des propositions, dans toutes les formes qu'elles admettent.

Mais avant de reprendre ces quatre chapitres, il est à propos de faire encore trois ou quatre remarques préliminaires.

Première remarque. Ce sera dans cette troisième partie sur-tout, que l'on pourra bien se convaincre qu'un traité complet et régulier de syntaxe vraiment *générale* seroit hérissé de difficultés insurmontables pour quiconque oseroit l'entreprendre : et comment sortir de l'embarras où nous jeteroit nécessairement, la multiplicité des choses qu'il y faudroit comprendre, et plus encore la ténuité, si je puis m'exprimer ainsi, de tant d'analogies ou de différences, qui tantôt rapprochent les objets jusqu'à paroître les confondre, et tantôt les rejetent dans des divergences qui semblent les rendre inconciliables ? Combien de regles qui résistent aux efforts que l'on fait pour en rendre la rédaction courte, claire, et facile à saisir ! et combien d'exceptions souvent aussi bizarres ou difficiles à justifier que minutieuses ! et quels efforts ne faudroit-il pas, pour établir ou concilier les moyens de concordance et la construction de tant d'especes de mots, et pour ne jamais s'écarter des principes sur lesquels se fondent la formation, la marche, la contexture de tant de sortes de phrases, ou de propositions si diverses ! et combien ces difficultés ne seroient-elles pas plus grandes encore, lorsqu'il s'agiroit de tracer le code de la syntaxe, telle que peut l'admettre une Grammaire *générale ;* c'est-à-dire, lorsqu'il s'agiroit de fondre tant de détails dans un ouvrage où l'on seroit obligé d'avoir constamment toutes les langues en perspective, pour les comparer à chaque pas les uns avec les autres, pour en démêler tous les procédés, afin de distinguer ceux qui sont communs entr'elles, ceux qui se rapprochent davantage de la raison, ou qui paroissent plus importants à quelque titre que ce soit ! Cette tâche est si difficile à bien remplir, que parmi les écrivains qui jusqu'ici ont voulu l'entreprendre, on n'en trouve point qui s'en soient acquittés à l'entière satisfaction des bons esprits. Leurs ouvrages se ressentent toujours plus ou moins du désordre, des lacunes, et des discordances auxquelles il est difficile d'échapper en cette matière. C'est particulièrement d'après ces considérations, que nous nous restreignons à traiter du langage plutôt que des langues, ou en tout cas, à ne traiter des langues, qu'autant que l'étude en est utile au développement des principes philosophiques, ou peut en recevoir des secours essentiels.

Deuxième remarque. Dans cette position où nous avons à consulter, non toutes les langues, mais seulement celles qui sont plus connues et plus cultivées, ou plus intéressantes, et où nous avons besoin, non d'en épuiser tous les procédés, mais seulement de nous attacher à ce qu'ils offrent de plus important aux yeux du philosophe ; on aura sur-tout et d'abord à observer, 1°. qu'il y a dans la syntaxe, des regles ou des usages qui embrassent également toutes les classes de mots, ou qui du moins en embrassent plusieurs : or il est évident qu'on ne pourroit reporter ces regles, dans les chapitres consacrés à chacune de ces mêmes classes de mots, sans fatiguer le lecteur de redites toujours plus fastidieuses : il faut donc les réunir dans des chapitres ou articles généraux, ainsi qu'on le verra dans la suite.

2°. Qu'il y a d'autres loix ou usages qui se retrouvent à la vérité dans plusieurs langues, mais qui ne concernent guères que les mots d'une seule classe : ce n'est que dans des chapitres particuliers, destinés aux diverses parties d'oraison, qu'on peut plus convenablement les faire connoître.

3°. Que si l'ordre et la précision demandent que l'on ne confonde point ce qui tient à la *concordance*, avec ce qui ne concerne que le *régime*, ou la *construction ;* on ne doit pas néanmoins s'interdire la liberté de rapprocher les regles qui appartiennent à ces deux sortes de compléments, autant que le desir d'être court le demande, et que le soin d'être clair le permet.

En suivant cette méthode, on n'aura plus à entasser les regles de toutes les langues ; souvent même on n'aura qu'à établir des principes assez courts et plus ou moins généraux ; et c'est ainsi que la Grammaire philosophique s'arrête devant l'océan de détails que nous offrent les langues, et où l'on ne pourroit entrer sans se perdre ; d'où il suit que par rapport aux langues particulières, cette Grammaire ne peut guères être considérée que comme un cadre exact et régulier, que tous les auteurs de Grammaires usuelles gagneront toujours infiniment à consulter et à suivre, mais qui n'est point destiné à les remplacer.

Troisième remarque. Nous avons déjà vu que l'on n'a démêlé dans les langues que trois moyens de retracer dans le discours, les rapports que nous appercevons dans notre esprit entre nos idées ; le premier, en faisant subir aux mots des changements de formes qui indiquent les rapports que l'on a en vue ; le second, en employant pour le même effet, des mots intermédiaires spécialement chargés de ce même service ; et le troisième, en suppléant au défaut des deux moyens précédents, par l'ordre selon lesquels on place les mots dans la phrase. C'est de l'emploi que les langues font du premier ou des deux derniers de ces trois moyens, qu'elles ont tiré leur dénomination de langues *transpositives*, ou de langues *analogues*, ainsi qu'on l'a vu (n°. 13°.)

Quatrième remarque. Cette différence si sensible des langues transpositives et des langues analogues, a fourni, à ceux qui vouloient enseigner les premières à des personnes qui ne savoient que les secondes, l'idée de faire d'abord la *construction* de chaque phrase avant de l'expliquer : ce procédé leur a paru propre à faire plus sensiblement démêler et distinguer la juste valeur des diverses formes des mots, et les loix établies à ce sujet : ils ont donc rangé tous les mots d'une phrase dans l'ordre le plus simple, et le plus familier aux langues analogues ; c'est-à-dire, dans l'ordre que réclament les rapports que ces mots ont entr'eux. C'est changer l'ordre qu'a suivi l'auteur qu'on interprète, autant qu'il le faut pour rapprocher les mots régis des mots régissants, ou mettre plus d'analogie et de régularité dans leurs positions respectives. Si l'auteur a omis ou sous-entendu quelques mots, on les rétablit dans la construction et dans une parenthese, sous le nom de *mots supplétifs*. Quelquefois encore, on reprend tous ces mots l'un après l'autre, pour en indiquer la classe ou l'espece, la valeur et les accidents, et pour en montrer la fonction dans la phrase dont il s'agit : cette dernière sorte d'analyse est ce qu'on appelle *faire les parties d'une phrase.*

CHAPITRE PREMIER.

Des Jugements et des diverses parties qui peuvent y entrer.

(76°.) UN *jugement* est, dit-on, l'acte par lequel l'esprit prononce en lui-même, la *convenance* ou la *disconvenance* qu'il apperçoit entre les idées. Observons à ce sujet, 1°. que deux idées *conviennent* essentiellement ensemble, lorsque l'une fait partie de la compréhension de l'autre ; première sorte de convenance, laquelle est de contenance ou d'identité : 2°. qu'il y en a une seconde, qui est encore *identique*, mais seulement par *application ;* c'est lorsqu'une des deux idées est comprise dans l'extension de l'autre : l'idée de *mortel*, par exemple, est *contenue* dans l'idée de *homme ;* et à ce titre, elle y *convient* par *identité* et contenance : l'idée de *César* contient l'idée d'*homme* au lieu d'y être *contenue ;* mais elle y *convient* également, quoiqu'à titre contraire, en ce que *César* est un des êtres auxquels l'idée d'*homme* est *applicable :* 3°. qu'outre ces deux premières sortes de *convenances*, auxquelles il faut joindre de plus toutes celles qui sont ou naturelles, ou accidentelles, ou accessoires, ainsi que nous l'avons vu en parlant des rapports, et qui résultent de la position respective des objets, et de tant d'autres relations ou déterminations que notre esprit y attache, de manière à en rendre les convenances également *identiques;* qu'outre, dis-je, toutes les convenances d'*identité*, on compte encore celles qui ne tiennent qu'à quelque sorte que ce soit, de liaison ou de dépendance. Lorsque les idées qui s'offrent à l'esprit, sont tellement étrangères l'une à l'autre, qu'on ne retrouve entr'elles aucun des rapports dont nous venons de parler, et que celui qu'on voudroit y établir, ne les atteint point, on dit alors qu'elles ne *conviennent* pas, ou qu'il y a *disconvenance* entr'elles. Or l'esprit voit cette convenance ou cette disconvenance entre les idées qui lui sont présentes, et qu'il confronte ensemble. Dans le premier cas il affirme; dans le second il nie; actes simples, plus ou moins nécessaires ou libres, selon la nature des choses, la connoissance que nous en avons, et les circonstances. Si le rapport qu'on exprime est bien tel qu'on l'indique, le *jugement* est vrai. Hors delà, ce jugement est faux: dans les deux cas, il est certain, probable, ou douteux, selon que les idées qui le composent, sont plus ou moins connues, claires ou obscures, distinctes ou confuses, précises ou vagues. Tout *jugement* forme dans l'esprit, ce qu'on appelle une *pensée:* car *penser*, c'est balancer et peser une chose, de manière à reconnoître ce qu'elle est. La pensée est donc le résultat de cet examen, ou le jugement par lequel l'esprit termine cette opération.

(77°.) Ces premières notions démontrent que tout jugement contient nécessairement et fondamentalement trois parties essentielles et distinctes ; 1°. l'objet que l'on juge ou sur lequel on prononce ; 2°. la qualité qui par ce jugement est attribuée ou refusée à ce même objet ; et 3°. l'acte par lequel l'esprit juge ou prononce ; c'est-à-dire, attribue ou refuse l'une de ces deux idées à l'autre. Si, par exemple, on pense que l'*homme est perfectible*, on voit dans l'idée l'*homme*, l'objet dont on est occupé, que l'on considere, et sur lequel on prononce ; dans l'idée *perfectible*, ce que l'on attribue à l'homme par cette déclaration ; et dans l'idée *est*, l'acte par lequel on déclare ce que l'examen que l'on fait, découvre dans l'idée l'*homme*, c'est-à-dire, la convenance ou disconvenance qui se manifeste entre les deux autres idées. La première de ces trois idées, celle de l'objet que l'on a primordialement, directement, et principalement en vue, est ce que les logiciens et les grammairiens appellent le *sujet*, ou le *judicande*, ou vulgairement le *nominatif* : la seconde, celle de la qualité dont on voit la convenance ou la disconvenance, est celle à laquelle on donne le nom d'*attribut*, ou de *judicat* : et la troisième, celle du rapport que l'on voit et que l'on prononce entre l'objet et la qualité qu'on en rapproche, est celle que l'on nomme le *verbe*, ou le *judicateur*.

Observons que quelquefois dans le discours, on suit un ordre qui peut à cet égard, jeter dans l'erreur les esprits peu attentifs ou peu exercés : si l'on dit *c'est de la grêle qui tombe*, ou *turpe est libidini obsequi*, les mots *de la grêle*, et *turpe* pourroient être considérés comme sujets, tandis qu'au contraire, ils appartiennent à l'attribut : car selon l'exacte vérité, la pensée est..... *ce qui tombe est de la grêle*, *obsequi libidini est turpe*.

Une autre observation plus importante, est qu'il arrive très-fréquemment, ou que notre esprit ne voit pas d'une manière également explicite, les trois parties essentielles qui constituent le jugement, ou que nos pensées se chargent de plusieurs autres idées qui y figurent comme parties accidentelles, ou circonstancielles et accessoires.

(78°.) Nous avons déjà vu que nous ne décomposons pas toujours les pensées qui se présentent à notre esprit, où que nous ne les décomposons pas toujours également : souvent nous n'en fixons que quelques parties : souvent nous ne les fixons qu'indirectement ou secondairement ; soit que nous ne voulions employer ces pensées, que comme parties de quelqu'autre pensée qui nous intéresse davantage ; soit que les circonstances suffisent pour les faire naître dans l'esprit de ceux qui nous écoutent ; ou que le desir de passer plus promptement à d'autres objets, ne nous permette que de les indiquer.

Ainsi la décomposition de nos pensées varie singulièrement, et selon les dégrés d'une échelle aussi compliquée qu'étendue. Il seroit peut-être plus difficile encore que fastidieux, d'en démêler et parcourir tous les échelons : d'ailleurs il suffit, pour remplir le but de la logique et de la Grammaire, d'éclaircir cette matière par quelques exemples ; et c'est ce que nous ne négligeons pas de faire toutes les fois que l'occasion s'en présente. Ici nous dirons que souvent on idique aux autres des pensées entières, par un seul mot qui se trouve comme jeté dans une phrase, où il ne figure qu'en qualité de partie subalterne. Qu'une veuve, par exemple, en parlant des armes de son époux enlevé à la patrie par une mort glorieuse, prononce ces paroles avec l'accent d'une

profonde douleur.... « Ah, qu'on me laisse au
» moins ces tristes, redoutables, et cheres dé-
» pouilles »! Ne voit-on pas là presqu'autant de pensées que de mots? « *Dépouilles*, c'est tout ce
» qui reste de lui! *Tristes*, elles me rappellent
» la perte cruelle que j'ai faite! *Redoutables*,
» c'est par des armes semblables qu'il a péri!
» *Cheres*, en s'offrant à mes regards, elles nour-
» rissent une douleur sans laquelle je ne veux
» plus vivre »! etc. Toutes ces pensées ne sont jetées ici que par des mots uniques, qui n'ont pas sans doute par eux-mêmes le pouvoir de nous les retracer, mais qui nous les offrent à l'aide des circonstances que nous connoissons d'ailleurs. Ce sont donc les circonstances qui parlent alors, et qui suppléent à toutes les omissions ou réticences que l'on se permet. Et n'est-ce pas de cette sorte, que souvent un mot tient lieu d'une longue phrase; que les mots *oui*, *non* peuvent en mille occasions, répondre seuls à de longues lettres; et que l'on cite tant de mots aussi laconiques et aussi énergiques que le *si* du Spartiate?

Ces observations au reste ne suffisent-elles pas pour justifier l'auteur qui a dit que les expressions complexes ne sont que des propositions abrégées; comme en général, les propositions complexes ne sont que des raisonnements abrégés de même? Mais n'oublions pas que la première loi des langues est d'être claires et fideles; et que c'est dans les pensées non suffisamment décomposées, que l'on échappe plus difficilement à l'erreur, à cause des idées générales ou relatives auxquelles on les réduit; idées qui dès-lors restent vagues, et jetent toujours le lecteur dans quelque incertitude.

La manière de décomposer les idées varie, tant

en ce qui concerne la pensée elle-même prise en général, que relativement aux parties essentielles ou intégrantes qui la composent : car on peut se représenter également dans sa pensée, toutes les parties qui y appartiennent, ou ne s'arrêter qu'à quelques-unes seulement; de même que l'on peut ensuite négliger les nouvelles décompositions dont ces parties sont toutes susceptibles à leur tour, ou les suivre jusque dans les détails les plus multipliés. Ce sont les circonstances, c'est le besoin ou le desir d'expliquer plus clairement telle ou telle idée, le besoin ou le desir de la déterminer avec plus de précision, qui nous conduisent à toutes les décompositions, que les idées générales ou communes à plusieurs objets, et les idées relatives, exigent plus ordinairement que toute autre, ainsi que nous allons le voir par quelques exemples.

1°. L'idée de *livre* est une idée commune ou appellative, que l'on peut déterminer en disant *le livre de mon frere*, *un livre nouveau*, *un livre d'histoire*, *un livre curieux*, etc. L'idée de *livre*, réduite à elle seule, n'offre qu'une image applicable à tant d'objets différents, qu'on n'en peut fixer aucun en particulier : les autres idées qu'on y ajoute, la spécifient, et fixent notre attention sur des objets plus précis.

2°. L'idée de *courir* est aussi une idée générale et vague, que l'on détermine en disant, par exemple, *courir le monde*, *courir la poste*, *courir à franc étrier*, *courir très-vîte*, *courir à perte d'haleine*, *courir l'un après l'autre*, etc.

3°. *Savant* ne présente également qu'une qualité commune, que l'on spécifie, lorsqu'on dit, *peu savant*, *aussi savant que sage*, *moins savant que les autres*, *très-savant*, *le plus savant de tous*, *savant en médecine*, *savant sans orgueil*, etc.

4°. *Agréablement* exprime une idée modificative, qui est encore vague ou générale comme les précédentes, et que l'on arrondit de même en disant, *peu agréablement*, *moins agréablement qu'utilement*, *agréablement pour tout le monde*, etc.

Les idées qu'on appelle plus spécialement *relatives*, ont un second terme, sur lequel on sent qu'elles portent naturellement notre attention. Mais on distingue trois sortes d'idées relatives : car, il arrive, ou que le rapport du premier terme au second est réciproque ; c'est-à-dire, qu'on la retrouve encore le même en passant du second au premier ; ou bien qu'en changeant l'ordre des deux termes, le rapport devient véritablement contraire ; ou même qu'il n'y a de relation que sous l'un des deux ordres dans lesquels on peut ranger les deux termes. De-là viennent 1°. les idées réciproquement relatives, comme celles de *frere*, *collégue*, *égal*, *semblable*, *différent*, etc. On sent que si Pierre est frere de Paul, Paul est également frere de Pierre, etc. ; 2°. les idées relatives en sens opposé, comme *pere* et *fils*, *oncle* et *neveu*, *tuteur* et *pupille*, etc. ; 3°. les idées simplement relatives, comme *utile*, *nuisible*, *nécessaire*, *onéreux*, etc.

Or ce sont toutes ces idées rélatives qui pour l'ordinaire ne pourroient point satisfaire l'esprit, si elles n'étoient accompagnées ou suivies de leur second terme. En effet....

1°. Que voudroit-on dire, si l'on avançoit qu'une chose est *égale*, sans faire connoître à quoi cette égalité se rapporte? de même, ne sèroit-il pas quelquefois superflu de remarquer que tel homme est *pere* ou *oncle*, sans rien ajouter qui désigne ses enfants, ou ses neveux? et quel avantage pourroît-on retirer d'apprendre que tel remede est *utile*, si l'on ignoroit dans quelle maladie il faut l'employer?

2°. Eclaireroit-on les esprits, si au lieu de dire qu'*il faut obéir à la loi*, que *nous devons aimer la patrie*, qu'*il est beau de secourir sa famille*, qu'*il est flatteur de surpasser ses rivaux*, que *l'on a reçu un présent d'un ami*, etc., on se contentoit de dire qu'*il faut obéir*, qu'on *doit aimer*, qu'*il est beau de secourir*, que *l'on a reçu*, etc.?

3°. Que seroit-ce si quelqu'un nous disoit, *je reviens de*, *j'ai passé par*, *je vais à*, etc.; *je le veux parce que*, *apprenez-moi si*, *je le vois comme*, etc.?

(79°.) Toutes ces idées ainsi appellées à la suite des idées générales ou relatives, sont donc des additions souvent nécessaires pour compléter le sens de celles auxquelles on les joint : aussi leur a-t-on donné le nom de *complément*. Les compléments d'une idée ou d'un mot sont de cette sorte, d'autres idées ou d'autres mots qu'on y rapporte, ou que l'on met sous sa dépendance, pour en expliquer ou déterminer, spécifier, arrondir, et compléter le sens.

Souvent il nous arrive d'avoir à la fois plusieurs pensées qui se rapprochent et se fondent ensemble, par quelques idées partielles et communes entr'elles, tandis qu'elles s'écartent entièrement l'une de l'autre, par d'autres idées partielles absolument diverses. Dans ces occasions, l'esprit parvient à réunir toutes ces pensées en une seule, dans laquelle il accumule par énumération, les parties diverses dont il ne fait qu'une partie intégrante, et les unit en masse et par un même jugement, avec les autres parties qui leur sont communes. Dans ces sortes de jugements, on appelle *parties similaires*, celles qui étant étrangeres l'une à l'autre, sont ainsi accumulées dans une même pensée. On a un exemple de ces *parties similaires* dans la phrase suivante: « la liberté, la bonne réputation, la » santé, et la fortune sont plus ou moins néces- » saires au bonheur. » Les idées *la liberté, la bonne réputation, la santé, la fortune*, nous offrent là quatre parties similaires dans un seul terme, ou dans une seule partie intégrante de la pensée, qui a ses deux autres termes dans *sont plus ou moins nécessaires au bonheur.*

On donne le nom de *parties intégrantes* à toutes les idées dont on vient de parler, lorsqu'elles concourent à former la pensée ou à la rendre entière; lorsque sans elles, la pensée n'existeroit plus, ou seroit autre qu'on n'a intention de la former.

Les phrases suivantes nous offrent une pensée plus ou moins développée selon les circonstances où on la place, mais qui dans ses différents dégrés de développement, ne contient pas une idée qui ne devienne *partie intégrante.* « Son parent » perdit alors sa réputation. Son parent perdit » alors une belle réputation par cette seule faute. » Son malheureux parent, cédant alors à une » passion trop vive, perdit pour toujours, et » par cette seule faute, une belle réputation si » longuement et si légitimement acquise. »

(80°.) Il est aisé de concevoir d'après ce qui précéde, que tous les *compléments* dans le discours ne remplissent pas leurs fonctions de la même manière, puisqu'ils ne sont pas tous de la même espece. Les uns sont des *compléments identiques*, et les autres des *compléments relatifs :* ceux-là sont soumis en Grammaire aux loix

loix de la *concordance*, et ceux-ci aux loix du *régime*. Ainsi l'*idendité* qui a lieu entre les idées qui concourent à former l'idée totale d'un seul et même objet, assujetit les mots secondaires ou accessoires qu'on emploie, aux formes que prend le mot principal dont ils relevent : ce qui établit un accord parfait entre tous ces mots, conformément à l'accord qui se trouve entre les idées, et en suivant, à l'aide des accidents dont ces mots sont reconnus susceptibles, les regles de la langue dont ont se sert : et le *régime*, qui a lieu entre les idées diverses, mais liées les unes aux autres par des rapports qu'il est utile ou nécessaire de remarquer, n'assujetit les mots complémentaires auxquels il fait recourir, qu'à prendre les formes prescrites à cet effet ; formes variables selon les especes de rapports, mais qui ne sont point celles du mot principal ; formes que le mot principal ou régissant détermine, mais qui lui sont étrangeres ; formes enfin qu'il détermine diversement, 1°. selon l'espece du rapport qui lie ces termes entr'eux ; 2°. selon le génie et les regles de la langue ; 3°. selon que le mot régissant et le terme principal du régime sont l'un et l'autre, ou l'un ou l'autre, des verbes, ou des adjectifs, ou des adverbes, ou des mots pris substantivement, ou adjectivement. Si, par exemple, le mot régissant est un verbe, il conserve naturellement ses régimes particuliers : si le mot principal du régime est de même un verbe, mais qu'il soit mis à un mode personnel, il faut qu'il soit lié au mot régissant par quelque conjonctif ; ce qui exige souvent qu'il se mette au subjonctif. Si ce verbe sert comme substantif, son rapport avec le mot régissant se marquera souvent par une préposition, etc.

C'est de toutes ces diverses hypotheses, que

nous viennent les différentes classes de régimes, qu'il est à propos de faire connoître ici. Les grammairiens distinguent d'abord les régimes *simples* ou *directs*, c'est-à-dire, ceux qui n'ont à leur tête aucune préposition, ni exprimée, ni sous-entendue; en second lieu, les régimes qu'ils appellent *composés* ou *obliques*, c'est-à-dire, ceux qui doivent s'annoncer par une préposition que l'on sous-entend quelquefois, mais que l'on exprime le plus souvent. Lorsque ces deux régimes se rapportent à un verbe, on les distingue par d'autres noms : le régime simple se nomme alors *objectif*, et *primitif*; et le régime composé prend le nom de *terminatif*, ou de *secondaire*. Cette dernière distinction est très-importante en françois, et sur-tout pour l'intelligence des regles qui concernent l'accord des participes passés. Celui de ces deux derniers régimes que nous nommons *primitif*, tient de plus près au mot *régissant* ou *complété*, dont il est le véritable objet ; il semble lui être plus nécessaire ; et c'est à ce titre qu'il se présente le premier à l'esprit. On en voit des exemples dans, *aimer la vertu*, *desirer les richesses*, *étudier les hautes sciences*, *apprendre la musique*, etc. L'autre régime que nous appellons *secondaire*, ne paroît avoir avec le verbe qu'une liaison moins immédiate, moins nécessaire, et moins étroite que le précédent : aussi n'est-il pour l'ordinaire qu'au second rang; c'est le plus souvent le terme auquel le reste aboutit, ainsi qu'on le voit dans *donner un ouvrage* AU PUBLIC. *Demander conseil* à UN AMI. *Entretenir un malade* DE PLAISIRS.

Outre ces premières distinctions, qui comprennent les compléments *déterminatifs*, et les compléments de *but* ou de *tendance*, on en donne encore plusieurs autres, selon que l'on considere les compléments relativement à l'effet de leur signification, ou relativement à la forme de leur expression.

Sous le premier de ces deux rapports, on peut soudiviser les *compléments* en autant d'especes, qu'il y a de manières de déterminer ou expliquer un sens vague ou obscur : mais pour nous borner à ce qu'il y a de plus important, nous citerons seulement, outre les especes déjà indiquées ci-dessus....

1°. Les compléments *de causes,* et principalement ceux qui énoncent les causes *efficientes,* lesquelles produisent les actions ou les choses, comme *Hélène enlevée* PAR PARIS; les causes *occasionnelles*, qui donnent lieu aux événements, comme *Troye détruite* EN HAINE DE CE CRIME; les causes *matérielles*, qui font connoître de quoi la chose est faite, soit physiquement, soit moralement; comme *statue* DE MARBRE, *fortune cimentée* DU SANG DES MALHEUREUX; et enfin les causes *finales*, qui indiquent le but que l'on se propose, ou bien celui où l'on aboutira, comme, *il la fait* POUR VOUS OBLIGER, etc.

2°. Les compléments *auxiliaires,* qu'on appelle aussi *compléments de causes instrumentales,* lesquels indiquent la personne ou la chose par le moyen de laquelle ce que l'on dit s'est fait, ou peut, ou doit se faire, comme, *frapper* DE L'ÉPÉE, *réussir* PAR LA FAVEUR, *ramer* à FORCE DE BRAS, etc.

3°. Les compléments *modificatifs*, qui expriment la manière d'être de la personne ou de la chose, la manière de faire l'action dont on parle, le dégré de la qualité, comme, *vivre* HONNÊTEMENT, *parler* TRÈS-CORRECTEMENT, *écrire* AVEC FACILITÉ, *partir* SANS PRENDRE AUCUNE PRÉCAUTION, etc.

4°. Les compléments *de temps,* qui présentent tantôt une idée de date ou d'époque, et tantôt une idée de durée; c'est-à-dire, qui répondent tantôt à la question *quand*, et tantôt à la question *combien de temps;* comme, *il naquit* HIER, *je finirai l'*ANNÉE PROCHAINE; et *il a vécu* QUATRE-VINGT ANS, *cette maison durera* LONGTEMPS, etc.

5°. Les compléments *de lieu*, soit qu'il s'agisse du lieu de la scene, ou d'un lieu de départ, ou d'un lieu de passage, ou d'un lieu de tendance, de direction, de but; comme, *vivre* à PARIS, *discours prononcé* À LA TRIBUNE; *venir* DE ROME, *sortir* DE LA VILLE; *sauter* PAR LA FENÊTRE, *voyager* PAR MER; *fuir* AU JARDIN, *s'avancer* VERS LA FORÊT, *partir* POUR LA CAMPAGNE, etc.

6°. Les compléments d'*accompagnement*, d'*entourage*, d'*ordre* et de *position;* comme dans *je suis venu* AVEC LUI; *cet homme arrive* A LA TÊTE DES REBELLES, etc.

Les compléments considérés sous le second aspect, c'est-à-dire, quant à la forme de leur expression, sont *complexes* ou *incomplexes:* les *incomplexes* sont ceux qui ne sont formés que par un seul mot appartenant à l'une des cinq premières parties d'oraison, nom, ou pronom, ou adjectif non article, ou infinitif, ou adverbe; comme on le voit dans... avec *soin*, pour *nous*, raison *favorable*, sans *répondre*, nous allons *voir*, vivre *sobrement*, etc. Le complément est *complexe* au contraire, quand il est formé par plusieurs mots tirés des parties d'oraison indiquées ci-dessus, et modifiés l'un par l'autre; comme dans... avec *le soin requis*, pour *nous tous*, raison *favorable à ma cause*, sans *répondre un mot*, nous allons *voir cette pièce*, vivre *fort sobrement*, etc.

On peut facilement comprendre d'après tout ce qu'on vient de voir, que le mot qui sert de complément à un autre mot, peut lui-même en avoir un second, qui par les mêmes causes, pourra être suivi d'un troisième, et ainsi de suite, jusqu'à ce que la pensée soit rendue dans toute la plénitude que l'on veut. Ainsi dans cette phrase.. » Il agit avec le soin requis dans les circonstances » de cette nature. » *Cette* est le complément de *nature; cette nature* est celui de la préposition *de; de cette nature* celui du nom *les circonstances; les circonstances de cette nature*, celui de la préposition *dans; dans les circonstances de cette nature*, celui du participe *requis;* et *requis dans les circonstances de cette nature*, celui du nom *le soin*, lequel joint aux mots qui le suivent, devient le complément de la préposition *avec;* et le tout ensemble celui du verbe *il agit.*

CHAPITRE II.

De la Proposition en général; des diverses parties qui la composent, et des diverses classes qu'on en distingue.

PARAGRAPHE PREMIER.

De la Proposition en général.

(81°.) LA *proposition* est l'énonciation formelle et distincte d'un jugement ou d'une pensée décomposée. Essayons d'abord, en développant cette définition, de montrer en quoi la *proposition*, la *phrase*, l'*expression*, l'*incise*, termes que l'on confond souvent ensemble, différent essentiellement l'un de l'autre.

Tout assemblage de mots réunis pour exprimer une pensée, a-t-il toujours au même dégré ou à un dégré suffisant, la forme distincte et la décomposition que la proposition exige? Non; souvent cet assemblage n'offre au lecteur qu'une pensée incomplétement décomposée, et ne fait qu'une *proposition* indiquée plutôt que formelle. Quelquefois aussi plusieurs pensées plus ou moins développées, sont enchaînées les unes aux autres, au point d'être toutes réunies en une seule construction, comme le sont entr'elles les parties d'un seul et même tout. (Voyez n°. 78°.) Or dans tous ces cas si différents, on se sert également du mot *phrase*, pour désigner ces assemblages de mots construits entr'eux pour l'expression de quelque pensée. On voit que ce mot *phrase*, dans l'usage qu'on en fait, a beaucoup plus de latitude que le mot *proposition*; que par-tout où il y a *proposition*, il y a *phrase*; mais que par-tout où il y a *phrase*, il n'y a pas toujours simplement ou formellement ce qu'on appelle *proposition*; celle-ci exigeant l'unité de pensée, et en même-temps une décomposition entière et une forme directe; deux conditions qui ne sont pas aussi rigoureusement exigées pour celle-là. Il suffit en effet, pour faire une *phrase*, que les pensées, s'il y en a plusieurs, ne forment qu'un tout par leur construction grammaticale; et que s'il n'y en a qu'une, elle soit assez développée pour annoncer qu'elle est présente à l'esprit; pour en faire connoître les parties, même celles qu'on n'exprime pas; et en un mot, pour indiquer le jugement qu'on a dessein de communiquer aux autres.

Le mot *expression* est encore plus vague ou

plus général que le mot *phrase* : car on l'emploie également pour désigner des phrases simples et courtes, ou les parties principales qui servent à former les phrases composées et plus longues. » L'expression, dit Sulzer, consiste à exciter, à » l'aide des mots et de leur arrangement, l'idée » ou le mouvement que l'on a en vue. » Sulzer suppose donc qu'il y a toujours plusieurs mots dans l'*expression*, puisqu'il y suppose toujours un arrangement.

Nous pensons qu'il y a plus de précision et de justesse à dire, que la *proposition* et la phrase sont des tableaux, et que l'expression n'est, pour l'ordinaire, qu'un portrait ; c'est-à-dire, que les premières contiennent toujours plusieurs idées, comme les tableaux renferment plusieurs personnages ; tandis qu'une seule idée suffit à la dernière.

Si donc des mots construits ensemble n'offrent que des rapports d'identité entre un petit nombre d'idées, ou ne présentent qu'un seul objet considéré dans sa manière d'être, ou avec peu de qualités ; il y aura en même-temps, unité de *proposition*, unité de *phrase*, et unité d'*expression;* mais si dans un même ordre de construction grammaticale, il y a plusieurs objets distincts les uns des autres, et suffisamment dessinés, il y aura pluralité d'*expressions*, quoiqu'il n'y ait qu'une seule *phrase,* ou même qu'une seule *proposition* : il y aura, dis-je, pluralité d'*expressions*, parce qu'il y aura pluralité de portraits.

Cette dernière observation est vraie sur-tout, lorsque chaque partie de la *phrase* ou de la *proposition* est elle-même composée de plusieurs mots qui plus étroitement unis entr'eux, forment autant de cadres particuliers, que l'on peut séparer au besoin pour les envisager seuls. En un mot, unité d'objet fait l'*expression ;* unité de combinaison fait la *phrase ;* et unité de jugement fait la *proposition.* On voit par là, comment et pourquoi une pensée non-entièrement décomposée, ne nous donne pour l'ordinaire qu'une seule *expression* : c'est qu'elle ne renferme qu'un seul objet ; et que si elle indique des parties entre lesquelles elle nous fasse appercevoir des rapports, ces parties n'y sont pas assez sensiblement détachées, ou que les rapports n'y sont que de simples rapports d'identité. On voit aussi comment et pourquoi un mot qui est dans une dépendance étroite de quelque autre mot, ne fait jamais seul une *expression*, et ne peut être considéré que comme faisant partie de l'expression de l'objet pour lequel il est employé.

Mais s'il ne s'agit que d'un mot tellement isolé, qu'il ne tienne à aucun autre mot par quelque forme de construction, ou par quelque liaison grammaticale que ce soit; s'il ne s'agit enfin que d'un mot qui ne soit partie intégrante d'aucune phrase ; sera-t-il réputé *expression*, *phrase*, ou *proposition*, lorsque semblable aux réponses *oui*, *non*, etc., etc., il indiquera une pensée en conséquence de sa position et de ses relations avec le reste du discours? Il ne paroît pas qu'on puisse alors la ranger dans aucune de ces trois classes ; à moins qu'il n'ait quelque caractere remarquable qui lui fasse donner le nom d'*expression.*

Il y a fréquemment dans les phrases complexes ou composées, et sur-tout dans les périodes, des expressions plus développées, mais qui ne servent qu'en sous-ordre, et auxquelles on donne le nom d'*incises.* Jamais ce nom d'*incises* ne se donne aux premiers termes de la phrase ou proposition principale ou directe; on ne s'en sert que pour désigner les parties secondaires qui s'y attachent, soit pour les développer et les étendre, soit pour les déterminer et en restreindre le sens. Ce sont donc des parties subordonnées et faisant autant de cadres à part ; des parties qui quoique réunies aux autres pour compléter le sens de la pensée totale que l'on a, offrent néanmoins à l'esprit, des idées d'objets particuliers, que l'on distingue formellement dans l'ordre du discours, aussi bien que dans la pensée. Telles sont, par exemple, les phrases incidentes dans les propositions complexes, et les parties similaires dans les propositions composées, sur-tout lorsque ces parties similaires renferment plusieurs mots.

PARAGRAPHE II.

Des parties de la Proposition.

(82°.) Les grammairiens et les logiciens n'ont pu considérer la *proposition* avec attention, sans observer.....

1°. Qu'il ne peut y avoir aucune *proposition* qui ne contienne un *sujet* : car le *sujet* étant la chose dont on parle, il seroit absurde d'imaginer qu'une *proposition* puisse n'en point avoir, puisque ce seroit parler pour ne parler de rien. (Voyez n°. 77°.)

2°. Que l'on ne peut avoir à parler d'un *sujet*, que pour en affirmer ou nier quelqu'autre idée qu'on en rapproche ; d'où il suit que ce second terme, auquel on a donné le nom d'*attribut*, est aussi indispensable que le premier. En effet, l'objet de la proposition étant d'exprimer un rapport, et tout rapport exigeant et présupposant deux termes, on ne pourroit écarter ou omettre le second de ces mêmes termes, sans rendre l'autre inutile, et sans détruire le rapport lui-même.

3°. Que le rapport que l'on apperçoit entre le *sujet* et *l'attribut* demande également à être exprimé; sans quoi on n'affirmeroit, on ne nieroit rien; on ne donneroit que des mots isolés qui ne nous retraceroient que des idées éparses, sans former aucune pensée; d'où il suit que dans toute *proposition*, on doit toujours regarder le *verbe* comme aussi essentiel que les deux autres termes.

4°. Que ces trois parties réunies ensemble et régulièrement combinées, constituent nécessairement une pensée, et sont par conséquent les parties *essentielles* de la *proposition;* si bien qu'il y aura toujours *proposition* par-tout où on les aura employées sous les formes convenables aux fonctions ou rôles, dont notre esprit les aura chargées dans sa pensée. C'est ainsi que si je dis d'un homme, *il est parti,* on voit l'intégrité de la pensée que j'avois à exprimer; l'on sent très-bien que je puis n'avoir à dire que celà; et l'esprit de ceux à qui je parle, s'y repose, comme il paroît que le mien s'y repose aussi.

Mais il est rare que nos pensées se réduisent à ces trois parties constitutives et essentielles : il est rare du moins que ces parties ne contiennent chacune que des idées simples. Le grammairien et le logicien observent donc encore deux choses; la première, que souvent le *sujet*, le *verbe*, et l'*attribut* accumulent chacun, ou tantôt l'un et tantôt l'autre, plusieurs idées, toutes également chargées du même rôle ou des mêmes fonctions; ce qui nous donne les parties similaires dont nous avons déjà parlé (voyez n°. 79°.), et nous conduit à des *propositions* qui sont composées, de la même manière que les pensées le sont alors elles-mêmes; d'où il résulte, ainsi qu'on le voit, non pas qu'il y ait en ce cas, plus de trois parties essentielles dans la *proposition;* mais que ces parties nous offrent pluralité d'idées et de termes, dans l'unité du rôle qu'elles ont à remplir.

La seconde observation qui se présente ici, c'est que souvent le *sujet*, le *verbe*, et l'*attribut*, soit simples, soit composés, nous présentent tous ensemble, ou tantôt l'un et tantôt l'autre, des idées générales qui ont besoin d'être déterminées avec plus de précision, ou des idées peu connues qui ont besoin d'être expliquées, ou des idées relatives qui ont besoin d'être complétées, ou suivies de celles avec lesquelles elles sont en relation; ce qui nous fournit des pensées et des propositions *complexes*.

Ces deux observations nous conduisent naturellement à reconnoître dans les propositions, de nouvelles parties que l'on nomme *accidentelles* ou *accessoires* ; parties qui n'y sont pas *essentielles*, mais qui par circonstances y deviennent souvent nécessaires. C'est ainsi que sans compter les parties *similaires*, il arrive fréquemment, 1°. que le *sujet* appelle à sa suite d'autres mots qui le qualifient, l'expliquent, ou le déterminent, et qui en sont autant de compléments identiques, ou relatifs, ou employés en régimes.

2°. Que l'*attribut* a les mêmes besoins, soit que le verbe le contienne, ainsi qu'on le voit dans tous les verbes adjectifs, soit que cet *attribut* se trouve exprimé à part, comme il l'est toujours lorsqu'on se sert du verbe substantif : ces besoins sont d'autant plus ordinaires pour les *attributs*, que ceux-ci ne sont presque jamais que des qualités vagues, générales, ou relatives, qu'il faut appliquer à des objets particuliers : aussi voit-on, que presque tous les verbes exigent les régimes *objectifs*, que nous avons nommés *primaires* et *secondaires*. (Voyez n°. 80.)

3°. Que le rapport énoncé par le *verbe*, pouvant n'avoir lieu que d'une certaine manière, en de certaines époques ou circonstances, sous de certaines conditions, ou en un certain dégré qu'il importe de faire remarquer; il faut pour toutes ces causes appeller dans la *proposition*, de nouvelles parties, de nouveaux *complément*, qu'on nomme *modificatifs* ou *circonstanciels*.

4°. Que l'on est quelquefois intéressé à interpeller formellement ceux à qui l'on parle, tant pour en être plus attentivement écouté, que pour les presser ou émouvoir davantage; ce qui donne l'apostrophe et les exclamations; nouvelles parties accessoires que Girard a désignées par le nom d'*adjonctifs*.

5°. Enfin, que souvent une *proposition* se lie à d'autres par de nouveaux rapports, qui présentés et annoncés d'avance, réunissent toutes ces propositions comme en un seul faisceau, les mettent sous une dépendance mutuelle, les font concourir toutes à l'expression d'une pensée plus ou moins compliquée, plus ou moins enchaînée à d'autres, mais considérée comme ne faisant plus, avec celles-ci, qu'un seul tout, que l'on est condamné à ne pas comprendre, si on n'en saisit pas à-la-fois et en même-temps toutes les parties; rapports entre des pensées qui cessent d'être isolées; liaisons entre des propositions qui cessent d'être détachées, et d'où résulte la nécessité de recourir dans le langage, non-seulement à des formes particulières, mais encore aux mots que le même abbé Girard a nommés *conjonctifs*.

L'on peut donc avoir à placer et à distinguer dans le corps d'une même proposition ou d'une même phrase, neuf parties intégrantes, savoir, le sujet, le verbe, l'attribut, les compléments ou régimes du sujet, les circonstanciels ou compléments du verbe proprement dit, les compléments ou régimes de l'attribut que nous avons nommés objectifs primaires, ceux du même attribut auxquels nous avons donné le nom d'objectifs secondaires, les compléments qui appartiennent à la proposition entière plutôt qu'à quelqu'une de ses parties essentielles, et qui sont les adjonctifs et les conjonctifs. Dans *Alexandre roi de Macédoine vainquit Darius*, on voit un sujet suivi d'un complément identique : dans, *le pommeau de cette canne est d'ivoire*, on voit un sujet accompagné d'un régime : dans, *Alexandre détruisit, par les batailles d'Yssus et d'Arbelles, le célebre empire des Perses*, on voit un circonstanciel : dans, *cet homme fait l'aumône*, ce dernier mot est objectif primaire : dans, *il fait l'aumône aux pauvres*, les deux derniers mots forment l'objectif secondaire : dans, *hélas monsieur, la mort a enlevé hier cet homme vertueux!* les deux premiers mots composent l'adjonctif : et dans, *puisque chaque bonne œuvre porte sa récompense avec elle, on a tort de regarder la reconnoissance comme un salaire,* le mot *puisque* figure comme conjonctif.

Le résultat de tous ces détails est....

1°. Que chacune des trois parties constitutives et essentielles de la proposition peut être appellée *simple,* quand l'esprit n'y apperçoit directement qu'une idée unique, comme dans... « Les » hommes sont mortels. La gloire qui vient de » la vertu, a un éclat ineffaçable. Servir la patrie » est évidemment le premier devoir du citoyen. » L'homme avare recherche avec avidité des biens » dont il ignore le véritable usage. Être sage avec « excès, c'est être véritablement fou », etc.

2°. Que ces mêmes parties doivent être réputées *composées*, quand elles renferment et présentent directement plusieurs idées différentes et déterminées. Ainsi le sujet est *composé* dans... « La douceur, la discrétion, et l'exactitude sont » trois vertus sociales aussi rares que précieuses. » Le pain, la santé, et la bonne conscience sont » les trois premiers besoins de l'homme ». L'attribut est *composé* dans.... « La loi est utile et » nécessaire. Le menteur est lâche, mal-adroit, » et dangereux ». Le verbe est à son tour une partie *composée* dans... « Il est, fut, et sera votre » maître ». Les trois parties sont toutes *composées* dans,.. « La science, les talents, les vertus » ont toujours été et seront toujours utiles, » honorables et recherchés ». Quelquefois on pourroit regarder comme composée, telle partie constitutive de la *proposition*, qui cependant n'est qu'une partie simple : par exemple, dans cette phrase, « professer la morale de Sparte et » vivre en Sybarite, est une inconséquence ré- » voltante » ; le sujet, *professer la morale de Sparte et vivre en Sybarite*, n'est point composé, comme on pourroit l'imaginer d'abord, puisque l'attribut ne peut convenir séparément aux deux idées qu'on y apperçoit ; et qu'il ne convient au contraire qu'à l'idée totale qui résulte de leur réunion.

3°. Que le sujet, le verbe, et l'attribut sont *incomplexes*, quand pour les exprimer on n'emploie à chacun d'eux, qu'un nom, ou qu'un pronom, ou qu'un adjectif physique, ou qu'un verbe, ou qu'un mot pris substantivement ou adjectivement : telles sont les phrases suivantes... « Les hommes sont mortels. Ces temps sont pas- » sés. La vertu est utile. Cet homme est orateur. » Je lis, etc. »

4°. Que ces mêmes parties deviennent *complexes*, quand elles contiennent quelque complément : comme dans... « Les principes de la » morale sont respectables. Les livres utiles sont » rares »; propositions complexes par le sujet : « les axiomes sont en petit nombre. Ce fait mé» rite toute votre attention »; propositions complexes par l'attribut : « il retombe tous les jours » dans les mêmes fautes. Vous verrez par-tout » les mêmes foiblesses »; propositions complexes par le verbe : « peu d'hommes lisent avec soin » les bons ouvrages. Moins d'hommes encore » s'appliquent sérieusement à profiter des leçons » que ces livres nous offrent. Vous tous qui » m'avez vu, dites avec franchise si je vous pa» rois coupable » ; propositions complexes par le sujet, l'attribut, et le verbe.

Observons que quelques logiciens ont donné le nom de *modales* aux propositions qui sont complexes par le verbe, sur-tout quand le complément du verbe présente une idée de nécessité ou de contingence, de possibilité ou d'impossibilité.

PARAGRAPHE III.

Des diverses especes ou classes de Propositions.

(83°.) On peut distinguer différentes especes ou classes de propositions, selon que l'on considere plus particulièrement la forme des pensées, la forme de leur énonciation, la nature de leurs objets, leurs rapports mutuels, la forme de leur liaison, et leur importance ou caractere intrinseque. Arrêtons-nous à chacun de ces six points de vue, autant qu'il le faut pour indiquer les principales sortes de propositions qu'ils peuvent nous offrir.

1°. Si l'on s'arrête à examiner la forme des pensées, on remarquera plus spécialement 1°. les propositions expositives, soit affirmatives, soit négatives; 2°. les interrogatives; 3°. les impératives; 4°. les exclamatives; et 5°. les optatives.

On appelle *expositive* toute proposition qui conséquemment à la forme de la pensée que l'on a, énonce uniquement par la forme de sa construction, le rapport que l'on apperçoit entre ses idées, sans renfermer ni interrogation ni commandement ou desir, ni admiration, à moins que ce ne soit par le sens objectif des mots : les propositions expositives sont nécessairement affirmatives ou négatives : dans le premier cas, le logicien remarque que l'attribut est toujours pris selon toute sa compréhension, mais seulement selon l'extension du sujet ; au lieu que dans toute proposition négative, l'attribut est pris dans son extension propre, mais non selon sa compréhension, dont on ne nie que la totalité ou réunion, sans en nier toutes les idées partielles. Ainsi quand on dit ... » l'ignorance est » une image de la mort ; » on affirme de tout ce qui est *ignorance*, toutes les idées partielles comprises dans les mots, *une image de la mort*; mais on n'affirme pas que tout ce qui est *image de la mort*, soit *ignorance*. Quand on dit ... » ce monstre n'est pas un homme, » on ne veut pas dire que l'homme scélérat et dépravé dont on parle, n'a aucune des qualités que le mot *homme* renferme ; on veut seulement faire entendre qu'il n'a pas la totalité de ces qualités, et qu'en particulier il y en a de très-essentielles qui lui manquent. Ce sont ces principes qui seuls doivent nous diriger dans la *conversion* des propositions ; c'est-à-dire, dans le renversement que l'on fait des propositions, en y en substituant d'autres, d'autres, où l'on conserve les mêmes termes, mais où l'on transforme le sujet en attribut, et l'attribut en sujet. Ces sortes de *conversion* deviennent quelquefois des moyens de preuves assez précieuses pour y recourir ; l'une des deux propositions pouvant faire ressortir la vérité de l'autre, d'une manière plus sensible : mais il est facile de se convaincre 1°. que les propositions négatives particulières ne peuvent jamais se convertir ; 2°. que les négatives universelles ne peuvent se convertir qu'en des propositions négatives également universelles ; 3°. que toutes les propositions affirmatives sont susceptibles de conversion ; et 4°. que cependant les universelles ne peuvent se changer qu'en des propositions particulières. Ainsi après avoir dit.. « quelques » hommes ne sont pas braves », on ne pourra dire, ni... » nul brave n'est homme »; ni... « quelques braves ne sont pas hommes. » Après avoir dit que... « tout homme est mortel »; on ne pourra pas dire que... « tout être mortel est » homme »; il faudra se borner à dire que... « quelques êtres mortels sont hommes »! Après avoir dit que... « quelque homme est juste » ; On dira bien... « quelque être juste est homme ». Enfin après avoir dit que... « nul homme n'est » automate » ; on dira bien... « nul automate » n'est homme, etc. »

Une proposition est *interrogative* lorsque d'après la forme de la pensée, elle énonce une question par sa forme grammaticale, et indépendamment du sens particulier des mots ; comme... « veux-tu jouir du plus précieux avan» tage de la vie »? Quand on dit... « je vou» drois savoir quel parti vous avez pris. Je vous » prie de me dire si vous êtes de mon senti» ment, etc. ». On manifeste bien que le motif de l'interrogation est présent à l'esprit et le détermine : mais la forme de la pensée n'étant point interrogative, non plus que la forme grammaticale de la phrase, la proposition ne peut être considérée comme telle : il n'y a que les mots, *je voudrois savoir*, *je vous prie de me dire*, *je vous demande*, etc., qui indiquent l'interrogation, par leur seul valeur objective. Je ne fais par ces mêmes phrases, qu'exposer ce qui se passe en moi ; je n'énonce formellement que la situation de mon esprit. Il n'y a donc là que des propositions expositives.

Une proposition est *impérative*, lorsque par les moyens indiqués ci-dessus, elle exprime formellement la volonté, ou l'ordre, ou l'assentiment de celui qui est censé parler ; comme... « apprends ; n'en perds jamais l'envie. Achete-le, » puisque tu le veux » etc.

Une proposition est *exclamative*, lorsque par les mêmes moyens encore, elle exprime un sentiment de surprise ou d'admiration ; comme... « qu'on est heureux de se suffire à soi-même, et » de se rendre utile aux autres ! » ...

Une proposition est *optative* enfin, lorsqu'elle exprime par la forme de sa construction, quelque souhait vivement senti par celui qui parle ; comme... « que ne suis-je auprès de lui ! » ...

On doit appliquer à ces trois dernières especes de propositions, les remarques que nous avons faites sur celles qui sont interrogatives ; et observer de plus, que souvent les *optatives* se rapprochent beaucoup ou des *exclamatives*, ou des *impératives*, et qu'alors on les confond les unes avec les autres...

2°. Si l'on s'arrête plus spécialement à l'examen des parties que les propositions embrassent, on distinguera celles-ci 1°. en propositions *simples* ou *composées*, *incomplexes* ou *complexes;* et de plus 2°. en *arrondies* ou *pleines* et en *elliptiques*.

D'après ce que nous avons dit de la *simplicité* et de la *composition*, de l'*incomplexion* et de la *complexion* des parties intégrantes d'une proposition, il est aisé de comprendre....

Qu'une proposition est *simple*, lorsque le sujet, le *verbe*, et l'*attribut* sont déterminés, quant à leurs parties directes et principales, chacun par une seule idée totale ; comme.... « la sagesse est un trésor. La puissance législative est le premier droit de souveraineté. La » considération qu'on accorde à la vertu, est préférable à celle qu'on accorde à la fortune. »..

Qu'une proposition est *composée*, lorsque l'une ou plusieurs de ses parties principales ou directes renferment différentes idées totales, c'est-à-dire, plusieurs parties similaires ; comme.. « la géographie et la chronologie sont les deux » yeux de l'histoire. La plupart des hommes sont » aveugles et injustes. Les savants et les ignorants sont sujets à se tromper, prompts à se » décider, et lents à se rétracter. Ce jeune homme » a été enfant gâté, se livre à mille fantaisies déraisonnables, et sera toujours malheureux. »..

Qu'une proposition est *incomplexe*, lorsqu'on n'y trouve aucune partie intégrante qui ne soit également incomplexe ; comme.... « ce crime » est atroce. Mentir est une lâcheté. Vous parviendrez. »...

Qu'une proposition est *complexe*, quand l'une ou plusieurs des parties intégrantes qu'elle contient, sont complexes ; comme... « les preuves » dont on appuye les principes de la morale, » sont invincibles. La douceur est une des premières vertus domestiques. Être sage avec excès

» est une sorte de folie. César fut le tyran d'une » république dont il devoit être le défenseur. Les » fautes les plus graves échappent quelquefois à » ceux qui ont le plus d'esprit. »

Disons ici qu'il arrive assez souvent qu'une proposition *incomplexe* par l'expression, est *complexe* par le sens, comme lorsque les circonstances déterminent une idée commune ou relative, qui en apparence est indéterminée. Ainsi dans cette phrase ; « le général envoye à » Carthage un boisseau rempli d'anneaux de » chevaliers romains ; « qui ne voit que ce mot le *général* signifie *Annibal*, *général des Carthaginois ?*

Disons encore que pour l'ordinaire, les logiciens donnent également le nom de *propositions composées* à celles dont les parties intégrantes ont des compléments, et à celles qui renferment des parties similaires ; mais qu'ensuite ils divisent leurs propositions composées en deux classes, savoir, la classe de celles qui sont composées par le sens, et la classe de celles qui le sont par l'expression ; division qui rentre dans celle que nous avons donnée, et qui conduit à de nouvelles soudivisions, où l'on retrouve les propositions liées entr'elles par quelque conjonction, et que nous retrouverons plus bas.

On dit qu'une proposition est *arrondie* ou *pleine*, quand les pensées suffisamment décomposées y sont exprimées tout entières ; ou bien, quand on y retrouve dans l'ordre et la forme convenables, tous les mots nécessaires à l'expression des parties intégrantes, tant principales qu'accessoires, et tant similaires que complémentaires.

Une proposition est *elliptique*, lorsque quelques mots clairement indiqués par les autres ou par les circonstances, y sont omis ; comme dans..

« *je t'aimois inconstant : qu'aurois-fait fidele* ?
» pour *je t'aimois quoique tu fusses inconstant :*
» *qu'aurois-je fait, si tu avois été fidele* ? »
Nous parlerons plus amplement de l'ellipse ailleurs. Nous nous bornerons à observer ici, que pour l'ordinaire, on ne compte point parmi les *ellipses*, les omissions qu'on appelle *réticences*, et qui se trouvent dans des phrases dont on n'énonce pas toutes les parties, parce qu'on ne veut, ou qu'on ne peut pas dire tout ce qu'elles contiennent ; tel est dans Virgile, le mot de Neptune, *quos ego*, et dans Scarron, la traduction de ce mot, *si je vous :* tel est encore dans Racine, ce mot d'Aggripine à Néron, *et ce Séneque qui depuis.... Mais alors il étoit vertueux.*

3°. Si l'on ne fait attention qu'à l'ordre et à l'arrangement des parties entr'elles, on distingue les propositions *ordinaires*, les *inverses* et les *hyperbatiques.*

Une proposition *ordinaire* est celle où tous les mots sont construits et arrangés selon l'ordre naturel et régulier des rapports quc les idées ont entr'elles.

Il y a inversion dans une proposition, lorsque les mots corrélatifs prennent l'un la place de l'autre, sans néanmoins cesser d'être voisins, comme dans... « SELON *moi* VOUS AVEZ RAISON ; » au lieu de... « *vous avez raison*, *selon moi.* »

Il y a *hyperbate*, lorsque les mots corrélatifs se trouvent éloignés les uns des autres, par d'autres mots intercalés et étrangers à leur rapport commun ; soit que d'ailleurs il y ait inversion ou non ; comme dans.... « solitude pro-
» fonde, où regne du néant l'effroi silencieux ; » au lieu de... « où l'effroi silencieux du néant
» regne. » Dans cette hyperbate, le mot *du néant*

fait inversion avec l'*effroi silencieux*, et de plus éloigne l'un de l'autre, les mots *regne* et l'*effroi*, qui sont à leur tour dans un ordre renversé.

4°. Si l'on ne veut considérer dans les propositions, que la circonstance d'être ou n'être pas composées les unes avec les autres ; on distingue celles qui sont *détachées*, et celles qui sont *périodiques*.

On appelle *détachées*, les propositions qui employées seules et séparées de toute autre, énoncent chacune un sens complet et fini ; comme ... « rien ne peut satisfaire les trop vastes » desirs du cœur de l'homme. La science des » mathématiques, la plus étendue de toutes, » repose sur des principes évidents. » On voit que la proposition détachée peut être simple ou composée, complexe ou incomplexe : ce qui en fait le caractere propre, c'est qu'elle n'est grammaticalement combinée avec aucune autre proposition principale qui y tienne par quelque conjonction.

Une *période* ou proposition *périodique* est l'expression d'un sens complet et fini, au moyen de plusieurs propositions principales, c'est-à-dire, qui ne soient point parties intégrantes les unes des autres, mais qui néanmoins soient tellement liées ensemble, que les unes aient besoin des autres pour la plénitude du sens total. Les propositions principales, qui dans la période deviennent partielles, sans être parties intégrantes les unes des autres, se nomment *membres de la période ;* ces membres au surplus ne sont jamais liés entr'eux que par des conjonctions qui puissent convenir à des propositions réputées principales, telles que sont les conjonctions adversatives, causales, copulatives, circonstancielles, et conditionnelles. Ce dernier caractere sert à distinguer les membres de période, des propositions incidentes ou dépendantes, qui tiennent à un terme antécédant, au lieu que les membres dont il s'agit ici, tiennent à la conception totale qui est l'objet de la période. On appelle périodes de deux, de trois, ou de quatre membres, celles qui ont deux, trois, ou quatre propositions telles que nous venons de les désigner. On évite pour l'ordinaire d'employer des périodes qui aient plus de quatre membres, parce qu'il est à craindre qu'elles ne surchargent et ne fatiguent l'esprit. Nous citerons pour période de deux membres, ces quatre vers de Gresset dans le Méchant...

« Autant on doit avoir de soin et de prudence,
« Pour ne pas diffamer l'honneur et l'innocence;
« Autant il faut d'ardeur, d'inflexibilité,
» A déférer un traître à la société ».

Nous donnerons la période qui suit, pour exemple, d'une période de trois membres.... « Dès que Pompée eut observé que les Juifs ne » combattoient les jours de sabbat qu'autant » qu'on les attaquoit, et remettoient tous les » autres travaux au lendemain; il défendit à ses » soldats de les attaquer ces mêmes jours; et il » employa ces intervalles à remplir les fossés, et » à continuer ses approches. »...

Pour période de quatre membres, nous dirons. . « Si ce n'est pas l'esprit public seul qui rassemble » les colons, et qui les met en route; s'il faut » de plus le concours de l'autorité publique ou » de l'ambition, ou de quelque autre cause, soit » politique, soit religieuse; il est au moins cer- » tain que cet esprit public suit ces colons dans

» leur nouvelle patrie ; et qu'il décide principa-» lement de leur conduite, de leurs loix, de leurs » mœurs, et de leurs succès. »...

5°. Si l'on s'attache à distinguer les propositions par l'idée ou l'espece de leur objet, on a les *indéfinies*, les *universelles*, les *particulières* et les *singulières*.

On appelle *indéfinies*, les propositions dont le sujet est formé par un nom commun, sans aucune détermination particulière. On les emploie en matière nécessaire, ou en matière contingente : là elles sont réputées *universelles*, comme lorsqu'on dit... « les angles opposés au » sommet sont égaux : » ici elles ne doivent être considérées que comme *particulières*, ou tout au plus comme ne devant s'entendre que du plus grand nombre ; comme on le voit par ces phrases... « les soldats ont tout pillé. Les Flamands sont » bons peintres. »

On appelle *universelle*, la proposition dont le sujet doit s'entendre de tous les individus de l'espèce ou du genre, sans exeption, comme dans.... « tous les hommes sont mortels ».

On appelle particulière, celle dont le sujet ne doit s'appliquer qu'à un ou qu'à plusieurs individus indéterminés de l'espèce, comme dans.... « plusieurs témoins se sont rétractés ».

On appelle *singulière*, celle dont le sujet ne présente que tel ou tels individus déterminés ou dénommés, comme dans.... « Bélizaire mourut pauvre ». Les logiciens observent que la proposition *singulière* doit être rangée parmi les *universelles*, puisque dans l'une comme dans les autres, le sujet est pris dans toute l'extension qu'il peut avoir ; observation dont l'effet est de réduire toutes ces propositions à trois classes, pour ce qui concerne les règles de l'argumentation.

6°. Si l'on ne prend en considération que la différence ou l'opposition qu'il y a entre certaines propositions, quant au sens qu'elles nous offrent; on en distingue de *contradictoires*, de *contraires*, de *subcontraires*, et de *subalternes*.

Les propositions sont *contradictoires*, lorsqu'ayant les mêmes termes ou parties intégrantes, elles sont l'une affirmative et l'autre négative, et en même temps l'une universelle, et l'autre particulière ou singulière ; comme dans . . . . « tout » homme est mortel ; tel homme, (ou) quelque » homme n'est pas mortel. Nul homme n'est im- » peccable : quelque homme, (ou) tel homme » est impeccable ». Il est aisé de se convaincre que jamais les deux *contradictoires* ne peuvent être en même temps vraies, ou en même temps fausses.

Les propositions *contraires* sont deux propositions universelles, l'une affirmative, et l'autre négative, mais ayant les mêmes termes ou parties intégrantes; comme dans : « tout homme est juste : » nul homme n'est juste ». Jamais les deux contraires ne peuvent être vraies en même temps : mais elles peuvent en même temps être toutes deux fausses, ainsi qu'on le voit par l'exemple cité.

Les *subcontraires* sont deux propositions particulières, ayant d'ailleurs les mêmes parties intégrantes, mais l'une affirmative et l'autre négative; comme . . . . « quelque homme est savant : » quelque homme n'est pas savant ». Il est clair que les *subcontraires* peuvent être en même temps toutes deux fausses ou toutes deux vraies, selon la nature du sujet et l'espece de l'attribut.

Les *subalternes* sont deux propositions également affirmatives, ou également négatives, et ayant d'ailleurs les mêmes parties intégrantes, mais l'une générale ou universelle, et l'autre particulière ; comme « tout homme est juste : quel- » que homme est juste. Nul homme n'est savant : » quelque homme n'est pas savant ». Certainement si l'universelle est vraie ou fausse « la par- » ticulière aura le même sort : mais excepté le cas » où il s'agit de choses vraiment nécessaires ». On ne pourroit pas conclure de même la vérité ou la fausseté de celle-là, d'après la vérité ou la fausseté de celle-ci. Car si l'on peut conclure du général au particulier, on ne peut pas de même, en matière contingente, conclure du particulier au général.

7.° Si l'on ne cherche qu'à apprécier et caractériser la sorte de liaison que les propositions ont ensemble, ou la dépendance où elle sont les unes des autres ; on comptera 1°. les *directes* et les *obliques* ; 2°. les *principales*, les *incidentes* et les *dépendantes* ; les *incidentes* qui sont *explicatives* ou *déterminatives* ; et les *dépendantes* ou *conjonctives* ou *annexées*, qui sont les unes *copulatives*, et les autres *disjonctives* ou *alternatives*, *conditionnelles* ou *suppositives* ou *hypothétiques*, *causales* ou *motivales*, *relatives*, *discrétives*, *exclusives* ou *adversatives*, *exceptives*, *comparatives*, *inceptives*, *désitives*, *augmentatives*, *extensives*, *conclusives*, *transitives*, *temporaires* et *conductives*.

On donne le nom de *directes* aux propositions dont le verbe est à l'indicatif, ou à l'impératif, ou au conditionnel, et même selon nous à l'optatif ; et le nom de propositions obliques, à celles qui ont le verbe au subjonctif. Cette distinction sert aussi à discerner dans les propositions complexes, les propositions premières ou dominantes, de celles qui ne viennent qu'à leur suite, et dont la forme même indique la dépendance grammaticale. Les auteurs de Port-Royal demandent qu'elle est la proposition premiére ou principale, ou directe dans.... « je soutiens que la terre est » ronde ». Nous répondrons que, quelle que soit celle à laquelle on donne la prééminence dans l'ordre intellectuel, il n'est pas douteux que, selon l'ordre de la construction, *la terre est ronde*, est entièrement sous la dépendance de *je soutiens que*.

Les propositions principales sont dans les phrases complexes ou composées ; celles qui en ont d'autres sous leur dépendance, c'est-à-dire, celles qui contiennent ou la pensée totale, ou le terme particulier, qui donne lieu aux *dépendantes seulement*, ou aux *dépendantes incidentes*. Les *incidentes* ont celà de remarquable, qu'elles se rapportent et se lient à un mot de la *principale*, et non pas à la *principale* tout entière : aussi est-ce pour se rapprocher de ce mot qui devient leur antécédent, qu'elles coupent la phrase *principale* : on compte deux sortes de propositions *incidentes*, savoir, les *explicatives* et les *déterminatives*. Les *explicatives* ne servent qu'à faire ressortir des idées qui sont de la compréhension de leurs termes antécédents ; idées que l'on fait ainsi ressortir, afin de fournir quelque preuve, s'il s'agit de choses spéculatives, et d'indiquer quelque motif, s'il s'agit de choses pratiques. Dans cette phrase : « les savants, qui » sont plus instruits que le commun des hommes, » devroient aussi être plus sages ». L'*explicative* nous donne la preuve de ce qui est énoncé par la principale : aussi peut-on transformer celle-là en principale, en la liant à l'autre par les mots *car*, *puisque*, etc. ; comme on peut la supprimer tout-à-fait, sans altérer le sens de celle dont elle est l'incidente. Les incidentes *déterminatives* ajoutent à la compréhension de leur antécédant, une idée que ce mot tout seul ne renferme pas :

ainsi elles restreignent l'extension de ce même mot. Aussi ne peut-on pas supprimer les *déterminatives*, que les principales ne cessent d'être vraies : mais on peut changer celles-là en dépendantes ordinaires, en les liant aux principales par la conjonction *si*, ou autre expression conditionnelle. Quand on dit.... « la gloire qui vient » de la vertu, a un éclat immortel »; on a intention de faire entendre que la gloire qui ne vient pas de la vertu, n'a pas le même éclat; et en effet ce seroit dire une chose fausse, que de se borner à dire que *la gloire a un éclat immortel*.

Les propositions *dépendantes* non *incidentes* sont celles qui se rapportent à la *principale* toute entière, et non à un de ses termes seulement : aussi ne coupent-elles point la principale; elles la précédent ou la suivent, mais en s'y liant par quelque conjonction. On en compte un grand nombre, et sur-tout les *copulatives*, qui servent à unir les parties ou phrases similaires; comme « les Fabius *et* les Lentulus étoient deux des pre- » mières familles de Rome. *Ni* vous, *ni* lui ne » m'avez bien entendu ».

Les *disjonctives* ou *alternatives*, qui unissent des choses opposées; comme... « nous irons là, » vous *ou* moi. *Amicitia aut pares accipit*, *aut* » *facit* ». Il faut ici que l'opposition soit nécessaire, et qu'il n'y ait point de milieu entre les parties opposées.

Les *conditionnelles* ou *hypothétiques*, ou *suppositives* lient deux choses en présentant l'une comme condition, et l'autre comme en étant la conséquence; ainsi qu'on le voit dans... « Celà » seroit fait, *si* vous l'aviez voulu. Tous iront » en prison, à moins qu'ils ne fournissent » caution ».

Les *causales* ou *motivales* lient deux choses

en énonçant l'une comme cause ou motif de l'autre ; ainsi qu'on le voit dans... « Je le ferai ; » *car* je le dois. Je le défends, parce qu'il est » innocent et foible ».

Les *relatives* et les *comparatives* lient deux choses comme ayant rapport l'une à l'autre, ou comme comparées ensemble : exemples... « *Melior* » *est patiens arrogante. Tanti es quantum* » *habeas* ».

Les *discrétives* lient les choses dans le discours, en présentant l'une comme séparée de l'autre : exemples... « Vous en avez vu le commencement, » et non la fin. *Fortuna opes, non animum* » *aufert. Cœlum, non animum mutant qui* » *trans mare currunt* ».

Les *exclusives* ou *exceptives*, ou *adversatives* lient les choses en les présentant comme inconciliables : exemples... « *Una salus victis nullam* » *sperare salutem. Nemo læditur nisi a se ipso.* » Tel étoit d'abord son avis ; mais ensuite il a » changé d'opinion ». Les deux premières propositions offrent l'idée d'une contradiction ; l'une exclut tout hors un point ; l'autre admet tout sauf une exception : la troisième désigne une opposition réelle.

Les *inceptives* ou les *désitives* présentent les choses comme commençant à se faire, ou comme ayant cessé : exemples... « Il ne fait que de par- » tir. Ce juge ne vend plus la justice ». On voit qu'il y a toujours deux points à établir, pour que ces propositions soient vraies.

Les *augmentatives* et les *extensives* offrent une chose comme le point jusqu'où l'autre s'étend, ou comme ajoutée à l'autre : exemples... « Il » vous donne sa fille, et de plus une riche dot. » Nous vous reconduirons jusqu'à la ville ».

Les *conclusives* et les *transitives* présentent

une chose comme conséquence de l'autre, ou comme y étant analogue : exemples... « La loi le » défend ; donc je ne dois pas le faire. Tous les » hommes sont faillibles : or vous êtes homme ».

Les *temporaires*, qu'on a mal-à-propos nommées *périodiques*, présentent une chose comme servant d'époque à l'autre : exemples... « Quand » il arrivera, vous m'avertirez. Dès qu'il vous » apperçut, il se sauva ».

Les *conductives* qui lient une seconde partie à une première, pour conduire le sens vague de celle-ci à sa perfection ; soit que cette seconde partie énonce les choses qui sont subséquentes aux précédentes, soit qu'elle indique le second terme d'une comparaison ; soit qu'employée dans une phrase négative, elle exprime une restriction annoncée et attendue : exemples... « Il est im- » portant que vous lui répondiez. Elle a autant » d'esprit que lui. Il ne songe qu'à jouer ». On voit que les relations et les comparaisons dont nous avons parlé plus haut, sont des propositions *conductives*.

8°. Les logiciens divisent encore les propositions selon leur *quantité*, et selon leur *qualité*; ils rangent parmi les premières, celles où l'on considere sur-tout l'extension du sujet ; et parmi les secondes, celles où l'on fait principalement attention à la forme, à la valeur intrinséque, au caractere spécial, ou à l'importance qu'elles peuvent avoir. C'est à cette dernière classe, que l'on rapporte les propositions *vraies*, celles qui sont *fausses* ou *douteuses*; celles qui sont prises dans le *sens propre*, et celles que l'on prend dans le *sens figuré*; celles qu'on doit entendre dans le *sens composé*, et celles où l'on ne doit chercher que le *sens divisé*; celles qui peuvent se *convertir*, et celles qui ne le peuvent pas ; et enfin celles auxquelles on donne des noms particuliers, telles que les *principes*, les *axiomes*, les *théorêmes*, les *problêmes*, les *lemmes*, les *corollaires*, les *scholies*, etc.

Nous ne parlerons des propositions *vraies*, et des propositions *fausses* ou *douteuses*, que pour observer que dans les phrases *complexes*, *composées*, *compliquées*, *périodiques*, ou *conjonctives*, il faut que la vérité se retrouve également dans toutes les parties qu'elles renferment : s'il y a erreur ou incertitude en un seul point, ou sous un seul rapport, la proposition ne peut plus être admise comme certaine ou comme vraie. On ne sauroit donner trop d'attention à cette regle, pour peu que l'on soit jaloux de raisonner juste.

Quant au *sens propre* et au *sens figuré*, nous nous bornerons encore à dire que, non-seulement on ne doit jamais rien conclure de l'un à l'autre, vu les caprices de l'usage dans l'emploi très-irrégulier qu'il en fait ; mais que sur-tout il ne faut jamais laisser le moindre doute ou le moindre embarras, sur celui des deux que l'on a dessein d'employer.

On appelle *sens composé*, celui des propositions où les mots présentent leurs objets sous la qualité qui les caractérise; comme dans... « les » plus habiles font encore des fautes ; » et *sens divisé*, celui des propositions où les mots présentent leurs objets comme dépouillés, ou séparés de leur qualité caractéristique ; comme dans... « les aveugles voient ». En effet, là on nous parle des hommes *habiles* considérés sous le rapport de leur *habileté ;* et ici on ne nous parle des *aveugles* qu'en les considérant comme ne l'étant plus.

On donne ordinairement le nom de *principe* à toute proposition dont on déduit plusieurs notions particulières, ou plusieurs regles de détail qu'on y rapporte. Il suit de-là que les *principes* en général peuvent être vrais ou faux, certains ou douteux, et bien ou mal appliqués.

Les *axiomes* sont des principes évidents par eux-mêmes : les *lemmes* sont des propositions déjà reconnues vraies, et mises en avant pour aider à la démonstration de quelque autre vérité : les *problêmes* sont des propositions qui renferment des questions à résoudre : les *théorêmes* sont des propositions qui énoncent une pensée que l'on veut prouver ; en quoi il faut remarquer que la *théorême* présente l'idée d'une solution générale ; tandis que le *problême* n'est applicable qu'à quelques cas particuliers : les *corollaires* sont des propositions qui nous donnent des conséquences évidentes de ce qui a été précédemment démontré : Enfin les *scholies* sont des propositions qui nous présentent des conséquences pratiques de ce qui précede, ou l'indication de l'emploi qu'on peut faire des choses antérieurement prouvées ou expliquées.

CHAPITRE III.

De la Syntaxe des diverses parties d'oraison.

Nous reprendrons ici les parties d'oraison l'une après l'autre ; et nous indiquerons en peu de mots, les principes essentiels ou plus importants de leur syntaxe.

ARTICLE PREMIER.

Syntaxe particulière des Substantifs.

(84°.) Le choix de la forme sous laquelle on doit présenter le substantif dans une phrase, ne peut

peut être déterminé que par la fonction que ce substantif est chargé d'y remplir, et conformément aux moyens que la langue s'est ménagés pour indiquer ces fonctions. C'est à cette fonction particulière et, pour ainsi-dire, locale; c'est à la manière dont l'idée s'est offerte à l'esprit; c'est aux rapports qui la lient au reste de la pensée, à décider si, indépendamment de la classe à laquelle la langue appartient, le substantif sera mis au singulier ou au pluriel; si dans les langues transpositives, il doit être à tel ou tel cas; et si dans les langues analogues, il doit occuper telle ou telle place, paroître sans préposition, ou être précédé de telle ou telle préposition. Tout ce que la syntaxe peut prescrire de regles au substantif, se réduit donc à huit ou neuf points de vue différents : car le substantif employé dans une phrase, y est nécessairement sujet, ou attribut du verbe substantif, ou complément identique, ou régime soit d'un autre nom, soit d'un verbe concret, soit d'un adjectif, soit d'une préposition, soit enfin d'un adverbe, à moins qu'il ne figure en apostrophe.

On sait que les adjectifs attachés au service d'un substantif par un rapport identique, subissent les loix que ce substantif leur prescrit, et n'en ont point à lui imposer. On sait aussi que les autres espèces de mots dont nous ne parlons point ici, n'ont naturellement avec le substantif aucun rapport immédiat ou grammatical, à moins que ces autres mots ne soient des pronoms, exception dont nous aurons à parler bientôt; ou à moins que ces autres mots ne soient pris adjectivement ou substantivement; auquel cas ils rentrent sous l'empire des loix que nous indiquons dans ce chapitre.

Le substantif employé par forme d'apostrophe,

se met au vocatif dans les langues qui déclinent, et se place en sa forme ordinaire, dans les langues qui ne déclinent point. La place qu'il peut occuper, est assez arbitraire dans toutes les langues : le choix à cet égard dépend de la volonté de celui qui parle, ou de la passion qui l'anime, et principalement de la nécessité de ne point déranger l'ordre que les autres mots de la phrase doivent suivre, conformément aux rapports qu'ils ont les uns avec les autres : quelquefois le nom mis en apostrophe est précédé de la lettre exclamative *ô*, chose qui est encore plus arbitraire.

Si dans la phrase, le substantif est sujet, ou attribut du verbe abstrait, il suit les règles que nous aurons à citer en parlant de la sintaxe de la proposition.

S'il est complément identique d'un autre nom, on ne fait, dans les langues transpositives, que l'apposer à cet autre nom et le mettre au même cas ; comme *fluvius Eridanus*, *Eridanum fluvium*. Dans la langue françoise, on le fait souvent précéder d'une préposition dont il devient le régime ; comme, « la ville de Rome ».

S'il est réellement régime d'un autre nom, on le met au génitif en latin, et sous la loi d'une préposition en françois, comme dans, *ægri somnia*, *les rêves d'un malade*.

S'il est régime d'un verbe concret, ou d'un adjectif, ou d'un adverbe, ou d'une préposition, il se conforme aux loix particulières que chaque langue adopte pour ces divers régimes ; article sur lequel on rencontre par-tout tant d'irrégularités, d'exceptions, et de variations, que les auteurs des Grammaires particulières, qui seuls peuvent entrer dans ces détails, ont beaucoup de peine à ne pas se perdre dans le labyrinthe, que leur ouvre ce champ toujours trop vaste.

ARTICLE II.

Syntaxe particulière des Pronoms.

(85°.) Puisque les *pronoms* désignent par l'idée de rôles dans le discours, les objets que les substantifs nous retracent par l'idée de leur nature, on conçoit qu'en général ceux-là sont employés dans la composition des phrases, aux mêmes fonctions que ceux-ci ; c'est-à-dire, aux fonctions d'attributs du verbe abstrait, à celles de sujets, à celles de régimes des verbes concrets, des adjectifs, des adverbes, ou des prépositions, et même quelquefois pour indiquer à qui on adresse la parole : de-là on peut conclure que les pronoms, quant à leur syntaxe, n'ont en général à suivre que les règles dont nous avons parlé dans l'article précédent, autant néanmoins qu'il n'y a pas de causes particulières qui les forcent à s'en écarter. Mais ces causes particulières se reproduisent dans presque toutes les langues, et y établissent une foule d'usages, qui diffèrent tellement d'une langue à l'autre, que l'on ne pourroit songer à les recueillir tous, sans entreprendre un ouvrage très-volumineux. Nous redirons seulement ici que si un pronom est adjoint à un substantif, c'est ce dernier qui décide du genre et du nombre ; tandis que le pronom seul détermine la personne, ainsi qu'on l'a déjà remarqué. (Voyez n°. 54°.)

ARTICLE III.

Syntaxe particulière des Adjectifs physiques.

(86°.) La syntaxe des adjectifs physiques se borne à tracer les règles qu'il faut suivre dans l'emploi de ces adjectifs, pour ce qui concerne les genres, les nombres, les cas, et l'emplacement que l usage des langues leur assigne ; outre quelques remarques sur ceux qui ont des régimes, sur ceux que l'on peut employer substantivement ou adverbialement, et sur ceux qui se prennent tantôt dans le sens propre, et tantôt dans le sens figuré. Car il ne s'agit pas ici de parler du soin que l'on doit avoir, d'assortir les adjectifs avec des substantifs auxquels ils conviennent : ce seroit redire en d'autres termes, que quand on veut parler, il faut commencer par savoir ce que l'on veut dire, et pour connoître la valeur des mots que l'on emploie. Quiconque prendra cette précaution si nécessaire, n'imitera pas ceux qui ont dit, par exemple, des *larmes inconsolables*, une *admiration intelligente de la vertu*, *une tempête orageuse*, etc.

Dans toutes les langues qui admettent pour leurs adjectifs, des genres et des nombres, on doit toujours donner à l'adjectif le genre et le nombre du substantif auquel il appartient. Il n'y a point d'exception à cette règle : car si Horace a dit, *monstrum quæ*, c'est que dans sa pensée, ce dernier mot se rapportoit à *fœmina* qu'il sous-entendoit, et non pas à *monstrum* qu'il exprimoit. Et ne dit-on pas de même : « Le printemps, la » plus belle des saisons, etc. »

On peut encore appliquer la même regle, aux cas que l'adjectif doit prendre dans les langues transpositives, pourvu néanmoins que l'adjectif et le substantif auquel il appartient, figurent sous la même relation grammaticale dans la phrase, ou concourent à y remplir la même fonction. Car d'ailleurs il arrive très-fréquemment que ces mots, malgré leur identité, soient chargés dans une même phrase ou dans des phrases corrélatives, de nous indiquer, l'un un premier rapport, et l'autre un second rapport tout différent; et alors on voit l'un, par exemple, servir comme sujet, et l'autre comme régime, etc. Dans ces occasions, le substantif et l'adjectif, toujours en concordance pour le genre et le nombre, se mettront donc à des cas différents, selon les fonctions diverses qu'ils auront à remplir. C'est ainsi qu'on diroit... « CICÉRO *non* SE DESERTUM, » *sed pœnè* DEDITUM *putat* ».

Si un adjectif se rapporte à plusieurs noms, il suit les regles qui seront indiquées lorsque nous traiterons de la syntaxe des propositions; en quoi il faut néanmoins excepter les phrases où l'adjectif ne se rapporte à plusieurs substantifs ou pronoms, qu'en établissant entr'eux une comparaison : car alors ce n'est qu'avec ceux qui forment le premier terme de la comparaison, que l'adjectif se met en concordance; comme dans.. « Je suis plus *petite* que vous; mais vous êtes » plus âgé que moi. Quel vice est plus *odieux* » que l'hypocrisie, plus *bas* que l'avarice, et » plus *sot* que la vanité? L'ame de cette femme » n'est pas moins *fardée* que son visage »....

Les adjectifs employés substantivement restent toujours au masculin, et ne suivent que les loix communes aux substantifs, excepté toutefois qu'il est rare de leur donner un pluriel. Exemples.... « Il sacrifie le *nécessaire au superflu. Le vrai* » *seul est aimable* ».

Les adjectifs pris adverbialement sont absolument invariables, comme tous les adverbes; sans que leurs régimes éprouvent aucun changement. Exemples... « Elle chante *faux*. Elles parlent » trop *haut*. Elles resterent *court*. Elles se font » *fort de la réussite*, etc. » Observons néanmoins qu'on dit en françois.... « Une *nouvelle* venue.

» Des fleurs *fraîches* cueillies ». Et quelques autres expressions semblables.

Dans les langues transpositives, et même dans les langues analogues, l'adjectif physique paroît d'abord pouvoir également précéder ou suivre le nom auquel il appartient : mais l'usage a singulièrement restreint cette faculté dans les langues analogues modernes, soit qu'il s'agisse de faire distinguer le sens figuré d'avec le sens propre, soit que l'on ait consulté les loix de l'harmonie, ou de l'analogie.

L'idée que l'adjectif exprime, peut avoir une précision suffisante pour tous les esprits, ou ne présenter qu'une sens vague qui exige quelques compléments par-tout où on l'emploie, à moins que les circonstances n'y suppléent, ou qu'il ne soit peu important de donner à cette idée, toute l'intégrité et la netteté dont elle est susceptible. C'est pour ces diverses raisons, que les langues nous offrent des adjectifs qui en général n'ont jamais de régimes, et d'autres qui en exigent d'exprimés ou de sous-entendus par-tout où on les emploie ; et même d'autres encore qui en prennent ou n'en prennent point, selon les occasions où l'on s'en sert. C'est à l'attention et au bon sens de ceux qui parlent, à suppléer ici aux regles que la Grammaire ne peut présenter que d'une manière insuffisante.

ARTICLE IV.

Syntaxe particulière des Adjectifs articles.

(87°.) Il est impossible de donner des regles générales sur la syntaxe des articles, 1°. parce que toutes les langues n'ont pas toujours de véritables équivalents dans cette partie d'oraison ;

et 2°. parce que celles qui semblent à cet égard se rapprocher davantage les unes des autres, emploient néanmoins encore leurs articles d'une manière entièrement différente. On ne sera d'ailleurs point surpris de trouver tant de variations, en des choses qui tiennent moins au fond de nos idées, qu'aux modifications auxquelles nous les soumettons ; sur-tout si l'on réfléchit que ces modifications, et par conséquent les mots destinés à les exprimer, tiennent de très-près au caractere de l'esprit, au goût national, au génie et à la délicatesse de la langue. A quel principe général et commun, le grammairien philosophe pourroit-il ramener des nuances si fines et presque toujours si divergentes? Nous renverrons donc cet article tout entier aux Grammaires particulières, en observant néanmoins que les articles étant de véritables adjectifs, ils sont astreints en général, à la plupart des regles dont il a été fait mention ci-dessus, si bien que ce n'est qu'en vertu de loix particulières et bien précises, qu'il peut leur être permis de s'en écarter.

ARTICLE V.

Syntaxe particulière des Verbes.

(88°.) Pour donner en entier la syntaxe des verbes, il faudroit rechercher successivement...

1°. Quand et comment on doit employer la voix active ou la passive, les verbes neutres, et ceux qui sont déponents, pronominaux, réfléchis, ou réciproques....

2°. Pour quelles causes, et de quelle manière on doit employer les modes personnels....

3°. Quels sont les motifs qui doivent nous décider sur le choix des temps....

4°. Quelles sont les loix qui concernent l'accord des verbes avec leurs sujets, en ce qui tient aux personnes, aux nombres, et aux genres, lorsqu'il y a lieu....

5°. Quelles sont les regles qui tiennent à l'attribut.....

6°. Quelles sont celles que l'on doit suivre dans l'emploi de l'infinitif....

7°. Quelles sont celles qui traitent du gérondif, du supin, et des participes....

8°. Quels sont les usages établis pour les verbes mono-personnels....

9°. Quels sont ceux que les langues ont admis pour l'indication des compléments, tant modificatifs qu'objectifs, ou régimes....

10°. Et enfin quels sont les moyens usités pour établir la liaison des phrases....

Mais entre tous ces objets, il en est plusieurs qui ne peuvent offrir de développement que dans les Grammaires particulières; et les autres semblent devoir plus convenablement être discutés dans d'autres chapitres. Nous nous bornerons donc ici à un seul principe général....

C'est dans l'étude même des éléments et des détails de chaque langue; et en même-temps dans l'espece de pensée que l'on veut exprimer, qu'il faut apprendre à quelle voix et à quel mode on doit mettre le verbe qu'on emploie : il est évident que ces sortes de choix dépendent de l'emploi dont on veut charger ce verbe, du tour ou de la forme que l'on veut donner à sa phrase, et du génie particulier de la langue que l'on parle, ou des ressources qu'elle nous offre. Je me sers de l'actif, lorsque je veux rapporter l'action à celui qui la produit; et du passif, lorsque je ne considere d'abord cette action que dans celui qui en est le terme ou le patient : je mets ce verbe à l'indicatif, quand je veux positivement affirmer la chose qu'il exprime ; à l'impératif, quand mon dessein est de manifester formellement ma volonté à cet égard ; au conditionnel, quand je considere la chose comme dépendante d'une condition ; et pour l'ordinaire au subjonctif, quand la chose ne m'apparoît que dans un état de doute et d'incertitude, de desir ou de crainte, ou de quelque autre sentiment ou pensée qui se complique avec elle, et n'en fait plus qu'une pensée subordonnée et dépendante.

Pour ce qui concerne les temps, les nombres, et les personnes, nous n'ajouterons rien à ce que nous en avons dit en traitant des accidents des verbes ; (voyez n°. 73°.) de même que nous renvoyons les autres objets désignés ci-dessus, aux Grammaires particulières, ou aux articles consacrés aux compléments, aux régimes, aux mots conjonctifs, etc.

ARTICLE VI.

Syntaxe particulière des Adverbes.

(89°.) Tout ce qui concerne la syntaxe des *adverbes*, appartient aux Grammaires particulières ; sur-tout quand on a désigné ceux qui en vertu de leur valeur, peuvent admettre les dégrés de signification et des régimes. Ces sortes de mots n'ayant aucune variation de formes, et ne pouvant avoir d'accidents que sous ces deux rapports, il ne reste plus, après ces deux points, qu'à examiner en quel cas on doit les employer, ce qui dépend de la pensée que l'on a ; et quelle place on doit leur assigner dans la phrase, ce qui dépend des regles de la langue que l'on parle.

ARTICLE VII.

Syntaxe particulière des Prépositions.

(90°.) Les prépositions, ainsi que nous l'avons vu, expriment entre des termes qu'elles ne renferment pas, et qu'il faut par conséquent énoncer ou désigner à part, des rapports particuliers, et secondaires, ou accessoires dans la phrase; rapports qui sont bien fixes et déterminés en eux-mêmes, mais dont l'application est indécise, vague, et suspendue, jusqu'à ce que les deux termes en soient connus. C'est mal-à-propos que les grammairiens, trompés par l'indétermination de ces deux termes, ont qualifié de *rapports généraux* et *indéterminés*, ces mêmes rapports qui sont toujours caractérisés, chacun par une signification très-précise, et qui même seroient insaisissables et nuls sans celà. L'emploi en est général, à cause de la variation arbitraire ou circonstancielle des termes qu'on met en rapport: mais ce rapport lui-même ne varie point. C'est pour avoir jugé de la valeur fondamentale des *prépositions* considérées isolément, d'après le sens que nous y découvrons en les combinant avec leurs termes antécédents et conséquents, que Duclos a dit que... « non-seulement une même » préposition marque des rapports différents, » ce qui est un défaut; mais qu'elle en marque » d'opposés, ce qui est un vice ». Quiconque étudiera bien cette matière, aura peu de peine à convaincre Duclos d'erreur à cet égard, et à justifier notre langue du reproche qu'il lui fait: mais toute cette tache retombe encore dans les Grammaires particulières, par plusieurs raisons qu'il est facile de pressentir.

ARTICLE VIII.

Syntaxe particulière des Conjonctions.

(91°.) Ce que les *conjonctions* peuvent nous présenter en général de plus important, c'est de bien marquer l'emploi que l'on peut en faire, ou leur valeur précise, et de bien distinguer celles qui déterminent le mode auquel on doit mettre le verbe qu'elles précédent : mais ces deux points sont sujets à tant de variations d'une langue à l'autre, et quelquefois dans la même langue, que la Grammaire philosophique n'y découvre aucune regle qu'elle soit fondée à revendiquer.

ARTICLE IX.

Syntaxe particulière des Interjections et des Particules.

(92°.) Nous dirons de la syntaxe très-bornée de ces sortes de mots, ce que nous avons dit de celle des classes précédentes. En général, quelle peut être la syntaxe de mots qui n'ont point d'accidents ? Elle ne peut traiter que de leur emplacement, objet qui ne donne lieu à des regles fixes, que dans les langues analogues, et qui par là même est étranger à cet ouvrage.

CHAPITRE IV.

Syntaxe de la Proposition.

(93°.) Nous avons à examiner dans ce chapitre, les principes qui dirigent les langues 1°. dans la syntaxe des propositions *ordinaires*, c'est-à-dire, des propositions qui ne présentent aucun trait particulier, qui les distingue et puisse en faire une classe à part; 2°. dans la syntaxe des propositions *liées ensemble*, ou qui se forment de plusieurs propositions réunies dans une même phrase; et 3°. des propositions *figurées*, ou qui en vertu de la disposition d'esprit de celui qui parle, et de l'espece des pensées qu'il veut exprimer, ont un caractere et prennent une forme particulière que l'on ne retrouve point dans les autres. On peut en général regarder comme propositions *ordinaires*, celles que dans le chapitre précédent, nous avons désignées par le nom d'expositions, soit affirmatives, soit négatives; des simples, composées, incomplexes, et complexes; de pleines ou arrondies; de détachées ou coupées; d'universelles, particulières, et singulières; de directes; de vraies, fausses, et douteuses; et de celles que l'on ne doit prendre que dans le sens propre: on rangera ensuite au nombre des propositions *compliquées*, les périodiques; les contradictoires, contraires, subcontraires, et subalternes; les obliques, les principales, incidentes, explicatives, et déterminatives; les dépendantes ou conjonctives, ou annexées, copulatives, disjonctives, conditionnelles, causales ou motivales, relatives, comparatives, discrétives, exclusives ou adversatives; exceptives, inceptives, désitives, augmentatives, extensives, conclusives, transitives, temporaires et conductives: enfin on regardera comme *figurées*, les propositions interrogatives, impératives, exclamatives, optatives, elliptiques, inverses, hyperbatiques; celles que l'on prend dans le sens détourné, dans le sens composé, ou dans le sens divisé; celles qui forment une conversion ; et celles que l'on appelle principes, axiomes, lemmes, théorèmes, problèmes, corollaires, ou scholies.

Dans les trois paragraphes que cette division va nous fournir, nous aurons à rechercher la syntaxe générale des parties intégrantes de la proposition ; c'est-à-dire, la syntaxe du sujet, du verbe, de l'attribut, des compléments identiques, des compléments en régimes, et des phrases considérées comme dépendantes ou conjonctives ; le tout autant que les propositions peuvent y donner lieu. Cependant pour ne pas nous jeter dans des redites inutiles, nous ne poserons les principes relatifs à ces détails que dans le premier paragraphe ; le lecteur devant toujours regarder comme généralement applicables, ceux auxquels il ne sera point dérogé dans les deux paragraphes suivants.

PARAGRAPHE PREMIER.

Syntaxe des Propositions ordinaires.

Nous avons ici cinq articles à suivre, l'un pour la syntaxe du sujet, et les autres pour celles du verbe, de l'attribut, des compléments identiques, et des compléments en régimes.

ARTICLE PREMIER.

Syntaxe ordinaire du sujet.

(94°.) Nous avons vu qu'il ne peut y avoir de proposition sans sujet, non plus que sans verbe, et sans attribut : (voyez n°s. 76°. et 82°.) mais ces trois parties essentielles ne peuvent-elles pas, ne doivent-elles pas, même quelquefois, être ou sous-entendues, ou répétées?

L'ordre le plus général est de les exprimer ; comme dans... « le peuple croit, et le philo- » sophe examine » ; c'est-à-dire, est *croyant*, est *examinant*. Mais il est permis et même il convient quelquefois de sous-entendre celle de ces parties qui se trouve déjà exprimée ou suffisamment indiquée dans ce qui précéde ; bien entendu que cette suppression ne doit se faire qu'autant que la clarté et l'usage nous y autorisent. Ainsi le sujet est sous-entendu dans... « l'homme naît » dans les douleurs, *vit* dans les peines, et *meurt* » dans les regrets ».

Dans les langues où l'on décline, telle que la langue latine, on omet presque toujours le sujet de la première et de la seconde personne, lorsque ce sujet est un pronom ; comme dans... « priùs » ordine *dicam*. Dulcia mella *premes*. » C'est que dans ces langues, la terminaison du verbe suffit pour ne laisser aucun doute à cet égard. La même cause le fait également supprimer aux troisièmes personnes, lorsqu'il a été suffisamment indiqué dans ce qui précéde ; comme dans.. « Quid *faceret*? Quò se bis rapta conjuge *ferret*? » Namque *dabunt* veniam votis, irasque *remit-* » *tent* (nymphæ) ». Il y a néanmoins deux exceptions à citer ici ; la première lorsque ce sujet doit avoir des compléments que l'on ne sauroit à quoi rapporter si ce sujet n'étoit pas exprimé ; et la seconde, lorsqu'on veut le présenter en forme d'apostrophe.

On omet également le sujet en latin, lorsque l'on répond à une question, et que dans la demande et la réponse, le sujet est le même ; à moins que les deux phrases ne soient pas assez rapprochées pour qu'il n'y ait ni équivoque, ni obscurité, ni erreur. Exemples..... « Brillon s'est » sauvé ?.... Oui, monsieur, *abiit*, *excessit*,

» *evasit*, *erupit* ». En françois, on se contente alors de remplacer ce sujet par le pronom ; comme dans.... « Que fait votre voisin ? — *Il* commence » tout, et *il* ne finit rien. »

Lorsque le sujet est à la troisième personne, et qu'il ne présente qu'un objet vague, général, et indéterminé, que chacun supplée ainsi qu'il le juge convenable, les Latins le suppriment encore comme ci-dessus... Exemple..... « *Aiunt* » *te pernoctasse ad ostium carceris.* » Les François y employent ordinairement le mot *on*..... « *On dit* que vous avez passé la nuit devant la » porte de la prison ».

Nous avons déjà dit que l'on répète le sujet, lorsqu'il y a des compléments qui doivent le suivre, et qui l'éloignent trop du verbe : comme dans.... « Les honneurs du triomphe lui furent décernés ; » *honneurs* dont personne n'avoit encore joui » avant lui ». On en use de même en quelques autres circonstances encore, comme lorsque cette répétition donne un nouveau dégré de clarté, d'énergie : ou de dignité au discours, et que le ton de l'ouvrage le comporte ; ainsi qu'on le voit dans ce mot de Bossuet... « Votre puissance renverse » ceux que votre puissance avoit élevés ».

Les loix de concordance auxquelles le sujet est soumis, sont simples.... Dans les langues où l'on décline, on le met toujours au nominatif : dans les autres langues on l'emploie sans préposition. Exemples.... « Si luit *terra* in conspectu ejus. » *La terre* se tut devant lui. » Ces deux règles nous paroissent être sans exception. Les verbes latins *tœdet*, *pœnitet*, *piget*, et autres que l'on cite à cette occasion, n'ont point, comme on le dit, leurs sujets à l'accusatif : car ces sujets sont sous-entendus : *Culpæ pœnitet me*, signifie, *recordatio culpæ pungit me pœnâ. Tœdet me*, signifie, *tædium tenet me*, etc. : de même si l'on dit en françois, *des savants prétendent*, le véritable sens est, *quelques-uns des savants prétendent*, etc.

Parlerons-nous ici de la fameuse règle du *que retranché*, qui veut, dit-on, que le nominatif soit mis à l'accusatif, lorsque le verbe est à l'infinitif ? Cette règle, qui est ridiculement gauche dans son énoncée, est absurde au fonds, puisqu'elle ne porte que sur un faux supposé. Si les mots qui dans un mode personnel formeroient le sujet du verbe, se joignent aux modes impersonnels, ce n'est plus sous la livrée de sujets formels : ce n'est que pour énoncer, avec l'infinitif, tantôt le sujet, et tantôt quelque régime de la phrase où on les place. Dans .... « *Te vicisse manifestum* » *est. Hujus disciplinæ te peritum esse quis ne-* » *gaverit ?* » Les deux mots *te vicisse* composent ensemble le sujet de *est manifestum. Te peritum esse hujus disciplinæ* nous donnent ensemble le régime de *quis negaverit. Toi avoir vaincu est chose évidente. Qui oseroit nier toi être instruit de cette science* ? On ne doit jamais parler du retranchement d'un mot, dans une langue qui n'a jamais eu ni besoin ni connoissance de ce mot.

Il y a de plus une vraie contradiction à supposer un sujet formellement lié à un verbe que l'on emploie dans un mode, dont le caractère distinctif est de n'avoir point de relation semblable. Si les noms ou pronoms accompagnent l'infinitif dans ces occasions, c'est que la pensée même l'exige ; car le verbe, pour être à l'infinitif, n'en est pas moins verbe ; si on met alors ces noms ou pronoms à l'accusatif, c'est que le plus souvent dans les phrases où l'on prend cette tournure, ces mêmes mots composent avec les infinitifs qui les accompagnent, le véritable régime primaire de l'autre verbe,

verbe, c'est-à-dire, du verbe qui est à un mode personnel ; régime que l'on met pour l'ordinaire à l'accusatif ; et qu'ensuite l'habitude de suivre cette marche, a fait adopter également dans les phrases, où l'infinitif, et ces noms ou pronoms n'ont plus la même fonction ; d'autant plus qu'il a bien fallu leur donner une des désinances qui appartiennent à leur déclinaison, et qu'il y auroit eu contradiction à leur donner celle du nominatif. L'accusatif est en général le cas dont la fonction est le plus vaguement déterminée : les autres tiennent à des causes plus précises et bien connues, qui ne pouvoient s'appliquer ici. Ainsi tout concouroit à faire mettre à l'accusatif, le sujet de l'infinitif, lorsqu'il convenoit de l'exprimer.

L'ordre de construction auquel le sujet formel peut être soumis, est en général très-libre dans les langues transpositives : Que l'on dise..... « *Nondum orbis adoraverat Romam*, ou *Romam nondum adoraverat orbis*, le sens de la phrase sera toujours également bien indiqué. Mais dans les langues analogues, les diverses parties de la phrase sont assujéties sur ce point, à des regles séveres qui varient beaucoup trop d'une langue à l'autre, pour que nous puissions les donner ici : nous dirons seulement qu'en général dans les phrases ordinaires, le sujet suivi de ses compléments ou régimes se place à la tête, et est suivi du verbe entouré des mots qui le modifient ; après quoi viennent l'attribut, s'il n'est pas compris dans le verbe même, et ses régimes s'il en a. Exemple.... « Je tomberais comme une fleur qui » n'a vu qu'une aurore » etc., mais ce principe est presque par-tout sujet à des exceptions sans nombre.

ARTICLE II.

Syntaxe ordinaire du Verbe.

(95°.) Pour ne pas répéter inutilement ce que nous avons déjà dit, (Voyez nos. 77, 78, etc.) nous nous contenterons d'observer... 1°., que quelquefois, pour ne pas répéter le même verbe, on le remplace par un autre verbe qui dans les circonstances de la phrase, en devient l'équivalent, comme dans.... « Il cherche encore à » vous *nuire*, comme il *faisoit* alors ».

2°. Qu'on ne doit jamais sous-entendre un verbe déjà exprimé, à moins qu'on ne le prenne dans le même sens qu'il a eu d'abord; car ceux qui entendent ou qui lisent, ne peuvent le suppléer que tel qu'ils l'ont lu ou entendu. Ne dites donc pas.... « Il chérit les autres, comme il mérite de l'être ». Dites... « Il chérit les autres, comme » il mérite d'en être chéri à son tour ».

3°. Que le verbe employé à un mode personnel, doit toujours être en concordance avec son sujet exprimé ou sous-entendu; concordance qui embrasse la personne, le nombre, et même le genre lorsque le verbe en admet les accidents, c'est-à-dire, lorsqu'on se sert des participes.

4°. Que si le sujet est formé de plusieurs noms ou pronoms, ou d'autres mots pris substantivement, et que ces mots y figurent comme parties similaires, et non comme compléments les uns des autres; ce sujet est alors réputé pluriel, quand même tous ces mots seroient au singulier.

5°. Que si ces parties similaires appartienent les unes à une personne, et les autres à une autre personne, le verbe se met au pluriel et à celle de ces personnes qui est regardée comme précédant les autres dans l'ordre numérique, c'est-à-dire, à la premiere si l'une des parties est de cette personne, et à la seconde s'il n'y en a pas de la première. Mais à chacun de ces principes, on apperçoit, dans presque toutes les langues, une foule d'exceptions auxquelles il ne nous est pas possible de nous arrêter.

ARTICLE III.

Syntaxe ordinaire de l'Attribut.

(96°.) Il ne peut être question de la syntaxe de l'attribut, qu'autant que l'on se sert du verbe abstrait ou substantif: car cet attribut étant toujours compris dans la valeur ou signification des autres verbes, on a tout dit à ce sujet, lorsqu'on a tracé la syntaxe de ceux-ci. C'est pour les phrases où l'on emploie le verbe substantif, et où l'attribut forme toujours une partie intégrante vraiment distincte, qu'il est nécessaire de rechercher à quels principes on peut en rapporter les usages.

L'attribut est toujours un adjectif, participe ou autre, ou un substantif, ou un pronom, ou enfin un autre mot pris substantivement ou adjectivement, à moins qu'il ne soit formé par une phrase dépendante, liée à un verbe principal par quelque expression conjonctive. Exemples . . . « Il est *vif.* » Il est *parlant.* Ils sont *arrivés.* C'est *moi.* C'étoit *son* père. Il est encore *à revenir.* C'est-*à-dire.* Je suis *pour.* Il est *contre.* Vous êtes *en avance.* C'est *qu'il est riche.* C'est *que vous savez bien qu'il ne* le veut pas, etc. »

On omet ou on répète l'*attribut* pour les mêmes causes que nous avons indiquées en parlant du sujet: (voyez n°. 95.). C'est ainsi que quelquefois il semble que le verbe abstrait n'ait point d'attribut ; comme lorsqu'on dit... « celà *sera*, » parce qu'il est évident que celà doit *étre* ; » où l'on voit que *étre* est pris pour *exister.* D'autrefois on répéte l'*attribut* pour quelqu'une des causes que nous avons déjà citées, comme si l'on dit... » ce pere est *indulgent*, mais *indulgent* » par foiblesse ou par insouciance ».

Dans toutes les langues les *attributs* du verbe substantif, se mettent au même nombre et au même genre que le sujet, lorsque ces mêmes *attributs* sont susceptibles de variations sur ces deux points : il faut en dire autant du cas qu'ils prendront si l'on parle une langue transpositive ; le tout sous la réserve des nombreuses exceptions que l'on retrouve par-tout.

Dans les langues qui ont la distinction des genres, si le verbe substantif a un sujet formé de plusieurs parties similaires de différents genres, l'*attribut* qui s'y rapporte, et qui alors se met au pluriel, se met au masculin, si l'on ne compte que deux genres dans la langue, et de même s'il s'agit de choses inanimées : mais lorsque les parties similaires du sujet expriment des choses inanimées, et que la langue a plus de deux genres, l'*attribut* toujours employé alors au pluriel, se met au genre neutre. Ainsi l'on dit... « le men- » teur et le flatteur sont *méprisables* et *méprisés.* » La faveur et l'industrie *ont été employées* fort » à propos. Le frere et la sœur *sont arrivés* ce » matin. *Pater et mater sunt in eodem tumalo* » sépulti. *Ignis et aqua sunt inter se* contra- » ria. » etc.

Nous dirons du placement de l'attribut dans les langues transpositives, ce que nous avons dit à cet égard pour le sujet, et pour le verbe : nous ajouterons que dans les langues analogues, ce placement est en général immédiatement après le verbe, sauf les exceptions dans lesquelles nous ne pouvons pas entrer.

Au reste, lorsque nous parlons du sujet, du verbe, et de l'attribut, ce n'est pas la totalité des mots qui composent quelquefois ces parties intégrantes et essentielles, que nous avons en vue: Nous ne voulons parler que du mot principal et initial, qui amene les autres à sa suite comme compléments ou régimes.

ARTICLE IV.

Des Compléments identiques.

(97°.) On donne le nom de *compléments* à tous les mots que l'on associe à d'autres, pour compléter l'idée ou la pensée que ceux-ci ne présentent qu'imparfaitement: (voyez n°. 74°.) c'est cette association qui met les compléments sous la dépendance des mots auxquels on les adjoint: mais les uns ne peuvent être ainsi adjoints ou associés aux autres, qu'autant que l'on apperçoit entr'eux, des rapports que l'on veut exprimer; ce qui ne peut se faire qu'en soumettant ceux-là aux formes ou aux loix que l'usage a établies à cette fin.

Les grammairiens, ainsi qu'on l'a déjà vu, ramenent à deux especes générales, tous ces rapports qu'il faut marquer entre les mots, tels que nous les voyons entre nos idées; rapports d'*identité*, et rapports de *détermination*, ou de liaison et de dépendance; les langues nous offrent pour l'expression des premiers, les procédés de la concordance; et pour l'expression des seconds, les procédés des *régimes;* et c'est aux premiers de ces procédés, que cet article devroit être consacré : mais la *concordance* ne peut gueres avoir lieu qu'entre l'adjectif et le nom ou pronom, et qu'entre le sujet, le verbe, et l'attribut, et nous avons suffisamment indiqué les principes auxquels cette double *concordance* doit être soumise. Ainsi nous passons aux compléments que l'on appelle déterminatifs ou régimes.

ARTICLE V.

Des Compléments en régimes.

(98°.) Dans les langues transpositives, les compléments en régimes se mettent à différents cas, selon le rapport qui les lie à la phrase, et plus encore selon le verbe ou l'adverbe, ou l'adjectif, ou le nom dont ils completent l'idée ; et enfin selon la préposition exprimée ou sous-entendue qui les régit, lorsqu'il y en a une. Chaque préposition a sa manière fixe et déterminée de régir : les substantifs régissent ordinairement le génitif, en latin sur-tout : les adjectifs et les adverbes demandent le plus souvent que leurs régimes soient au datif, ou à l'ablatif lorsqu'il n'y a point de préposition. Les verbes concrets veulent que les leurs soient tantôt à l'accusatif, tantôt au datif, et tantôt à l'ablatif, soit qu'il y ait une préposition, soit qu'il n'y en ait point ; le tout selon l'espece et le sens du verbe, et selon que les régimes sont objectifs, primaires, ou secondaires, ou circonstanciels, ou auxiliaires, ou de telle ou telle autre classe.

Dans les langues analogues, les compléments en régimes n'ayant point les différentes désinences de la déclinaison, ne peuvent avoir d'autres traits propres et distinctifs que 1°. le secours de quelque préposition, lorsque les circonstances et l'usage le veulent ainsi ; et 2°. telle ou telle place dans la contexture de la phrase.

On nous donne sur ce second point, un principe général d'après lequel nul complément ne doit être éloigné que le moins qu'il est possible, du mot qu'il doit completer; sur-tout lorsque la diversité des terminaisons n'indique pas assez la diversité des fonctions des mots. L'application de ce principe fournit plusieurs regles de détail qui varient d'une langue à l'autre, et que par cette raison même, nous ne rapporterons point ici.

PARAGRAPHE II.

Syntaxe des Propositions liées ensemble.

(99°.) Les propositions que l'on réunit pour l'expression totale d'une pensée compliquée, se lient les unes aux autres, ou par leur simple opposition, ou au moyen de quelques mots conjonctifs. La syntaxe des premières n'est autre pour chaque proposition ainsi réunie, que la syntaxe des propositions ordinaires; si toutefois on en excepte la nécessité de les rapprocher, autant qu'on le peut, de celles qui leur sont corrélatives. C'est ainsi que nous n'aurons aucun principe particulier à poser pour la syntaxe des propositions contradictoires, contraires, subcontraires, et subalternes; non plus que de celles que l'on ne donne que par conversion. On peut encore ranger dans la même classe, beaucoup de phrases copulatives, disjonctives, adversatives, causales, relatives ou comparatives, temporaires, extensives ou augmentatives, conclusives, transitives, et quelques autres qui n'ont de particulier, que les mots conjonctifs par où on manifeste la sorte de rapport que l'on veut désigner entr'elles et celles dont on les rapproche.

Mais nous en avons d'autres qui ne se lient ensemble qu'en subissant des changements essentiels dans leur syntaxe : nous en avons même qui se lient d'une manière si étroite, qu'elles se fondent en une seule phrase, et semblent ne plus faire qu'une même proposition : c'est de ces deux especes que nous allons nous occuper dans les deux articles qui suivent.

ARTICLE PREMIER.

Des Propositions dont la Syntaxe varie en conséquence de leur liaison.

(100°.) Il s'agit principalement ici des propositions qu'on appelle dépendantes, incidentes, et obliques : telles sont pour l'ordinaire les explicatives, les déterminatives, les conditionnelles, les relatives ou comparatives, et les conductives.

Les explicatives et les déterminatives ne subissent de changements qu'en deux points ; l'un, qu'elles se lient par quelque conjonctif, au terme de la phrase principale auquel elles appartiennent ; et le second, qu'elles se placent toujours aussi près de ce terme qu'il est possible, raison pour laquelle on les a nommées *incidentes*. Il est vrai que le mot conjonctif qui les lie, occasionne encore souvent quelques déplacements d'autres mots, comme du sujet, du verbe, ou de certains régimes : mais ces déplacements n'étant bien remarquables que dans les langues analogues, nous ne nous en occuperons point ici.

Dans les conditionnelles, la proposition partielle qui exprime la condition, occupe tantôt la première, et tantôt la seconde place ; et elle est toujours précédée de la conjonction qui la caractérise. Mais elle impose à l'autre proposition partielle la loi de n'employer son verbe qu'au mode suppositif, dans les langues qui ont ce mode : on dira donc à volonté... « Si je voulois » le faire, je le ferois ; ou je le ferois, si je vou- » lois le faire ». Les autres altérations qui peuvent y intervenir, et dont nous ne parlons pas, ne tiennent qu'aux usages particuliers des langues, ou qu'à la conjonction qu'on emploie.

Les relatives ou comparatives, quand elles embrassent réellement deux propositons, ont celà de particulier, que le conjonctif qui sert à les lier, demande quelquefois que le verbe suivant soit au subjonctif, ou au conditionnel, comme dans... « *Tanti es quantum habeas.* Il » est plus vif que l'on ne voudroit ».

Les conductives sont souvent dans le même cas que les relatives, pour l'emploi du subjonctif : ainsi l'on dit... « Il faut que vous lui parliez, etc. »

Nous n'avons point rangé les périodiques parmi les propositions qui sont l'objet de cet article, parce que les membres qui composent ces périodes, suivent dans leur syntaxe tantôt une loi, et tantôt l'autre, selon qu'eux-mêmes appartiennent à la classe de telles ou telles propositions liées ensemble.

ARTICLE II.

Des Propositions dont l'étroite liaison va jusqu'à les confondre en une seule Proposition.

(101°.) On retrouve assez souvent cette marque de liaison plus intime, dans les discrétives, comme.... « Vous en savez le commencement, » non la fin » : dans les exclusives, ou exceptives, ou adversatives, comme... « Il n'écoute » que d'une oreille : il n'y a de risque qu'à mal » faire » : dans les inceptives et les désitives, comme... « Il ne fait que d'arriver : il ne joue » plus » : dans les augmentatives et les extensives, comme... « On achete le cheval et la bride : » il est venu jusqu'à la porte » : dans les conductives, comme... « L'un vaut autant que l'autre : » il ne vise qu'à vous perdre ». On peut également citer ici les copulatives et les disjonctives, lorsqu'elles se forment de parties similaires, comme... « L'un et l'autre sont bons : choisissez » l'un ou l'autre ».

PARAGRAPHE III.

Syntaxe des Propositions figurées.

Nous appellons ici *propositions figurées*, non celles qui contiennent quelque trope, ou autre figure qui ne tienne qu'au choix et à la valeur des mots; mais celles dont le caractère singulier et remarquable résulte uniquement de la forme de leur construction ou syntaxe, ou bien de l'importance qu'on y attache, et de l'usage qu'on en fait. Nous en avons déjà donné la liste ; mais il n'y en a que six ou sept qui s'écartent des regles de la syntaxe ordinaire, et auxquelles par conséquent nous ayons à revenir dans ce paragraphe. Ce sont les interrogatives, les impératives, les exclamatives, les optatives, les elliptiques, les inverses et les hyperbatiques. Nous allons nous en occuper sommairement en autant d'articles, auxquels nous en ajouterons trois autres; le premier qui précédera l'article de l'ellipse concernera les pléonasmes ; les deux derniers, l'un sur les licences, et le second sur les solécismes et barbarismes, termineront le chapitre de la syntaxe des propositions.

ARTICLE PREMIER.

Des Propositions interrogatives.

(1030.) Beauzée a remarqué qu'il n'y a dans la langue françoise, aucun mot qui soit essentiellement *interrogatif*: *combien*, *où*, *comment*, *quand*, *que*, *qui*, *sur quoi*, etc. ne le sont pas toujours. Il en est de même en latin, si l'on en excepte toutefois la syllabe *ne*; qui n'est pas un mot ; mais qui sert à marquer l'interrogation lorsqu'on la place comme enclytique à la fin de quelque mot de la phrase. Aussi avons-nous eu soin, en définissant la proposition interrogative, de dire que la question devoit résulter, non de la valeur des mots, mais de leur construction ou syntaxe particulière. Ajoutons que même il n'est pas rare de voir des propositions interrogatives, où la question n'est indiquée que par les circonstances et le signe interrogatif, ou le ton de celui qui parle.

Beauzée cherche à expliquer les phrases interrogatives, en les délayant en d'autres phrases, fort longues, parce qu'il suppose que les premières ne sont que des phrases elliptiques. Cet auteur, si estimable à tant d'autres égards, partage le tort de ceux qui voient, pour ainsi dire, des ellipses par-tout : c'est un moyen sûr d'avoir souvent de nombreux commentaires à nous offrir : mais ces commentaires sont presque toujours fastidieux, et il nous semble qu'ils sont plus propres à défigurer la langue, qu'à nous en présenter le vrai caractère et le génie.

Ce n'est qu'autant que l'on traite de quelque langue en particulier, que l'on peut développer en quoi consiste la syntaxe des propositions interrogatives : on conçoit qu'il y a presque toujours quelque inversion très-remarquable, sur-tout dans les langues analogues. Une chose assez singulière, c'est que l'interrogation employée comme figure oratoire, doit être prise dans un sens expositif; que si elle est négative, le sens en est affirmatif, et que si elle est sans négation, le sens en est négatif, comme dans.... « N'êtes-vous pas » convenu de ces faits? Un oracle dit-il tout ce » qu'il semble dire? » Pour... « Vous êtes con» venu de ces faits. Un oracle ne dit pas tout ce » qu'il semble dire ».

ARTICLE II.

Des Propositions impératives.

(104°.) La forme des phrases impératives varie singulièrement d'une langue à l'autre, selon que ces langues sont les unes analogues, et les autres transpositives; selon que les verbes y ont des terminaisons plus ou moins spéciales et distinctes pour le mode impératif, et selon que les phrases sont à l'une ou à l'autre personne. Le trait caractéristique de l'impératif en françois, par exemple, se borne à supprimer le sujet à la seconde personne du singulier, et aux deux premières du pluriel. Quant aux troisièmes personnes, nos impératifs les empruntent du mode du subjonctif; ce qui leur donne la forme des phrases obliques, quoique l'impératif soit un mode direct. Or ces moyens si bornés ou si peu précis, risquent fort de nous jeter dans les équivoques ou incertitudes. Les Latins à cet égard étoient plus heureux que nous : ils avoient non-seulement, par exemple, *age*, mais encore *agito* ; non-seulement *agite*, mais encore *agitote*, et de plus *agunto*, pour la troisième personne du pluriel.

Nous ne dirons rien des phrases où l'on remplace l'impératif par le futur ou présent postérieur de l'indicatif : si le sens y est le même au fonds, la forme n'y est plus impérative, d'où il suit que ces phrases n'appartiennent point à cet article.

ARTICLE III.

Des Propositions exclamatives.

(105°.) Selon le dictionnaire encyclopédique, l'exclamation rejete la plénitude grammaticale, et se complait dans les phrases elliptiques : lorsqu'elle est trop fréquente, elle hache le discours, comme elle le glace lorsqu'elle est déplacée. Les langues nous offrent plusieurs interjections consacrées aux exclamations : mais elles y ajoutent encore d'autres moyens qui varient comme elles.

ARTICLE IV.

Des Propositions optatives.

(106°) Ces propositions peuvent facilement se confondre avec les exclamatives, dont elles se rapprochent également par le fond et par la forme, qui en général est souvent la même de part et d'autre, comme on le voit dans . . . « Veuille le » ciel seconder vos efforts ! Que ne puis-je vous » être utile ! » Mais on doit observer que la conjonction initiale *que*, suivie du subjonctif, ne rend la proposition optative, que quand celle-ci n'est pás liée à une autre proposition subséquente qui en soit la conséquence. Ainsi il n'y a rien d'optatif dans . . . « Que j'y aille ou non, » que vous importe ? »

Les propositions optatives sont obliques, dit Beauzée : ce grammairien les regarde comme telles, parce qu'en latin et en françois elles ont pour l'ordinaire leur verbe au subjonctif, et qu'il y supplée par-tout une ellipse. Mais il faut avouer que si nous n'examinons que la forme que nos pensées ont dans notre esprit, indépendamment des procédés usités dans les langues, rien n'est plus direct ou moins oblique que nos souhaits. Ce n'est donc qu'accidentellement et dans telles ou telles langues, que l'opinion de Beauzée peut paroître vraie, ainsi qu'on l'a déjà vu (voyez n°. 67°.)

ARTICLE V.

Du Pléonasme dans les Propositions.

(107°.) Le mot de *pléonasme* signifie *abondance* ou *plénitude :* mais il y a deux sortes d'*abondance ;* celle qui jete dans l'excès et le superflu ; et celle dont l'objet est de satisfaire entièrement l'esprit, et de ne lui rien laisser à desirer : la première est un vice de langage que l'on nomme *dutisme*, *battologie*, ou *périssologie :* la seconde est une figure de syntaxe, et a pour but de mettre ou plus de clarté, ou plus d'énergie dans ce que l'on dit.

La *périssologie* est l'abus du *pléonasme* considéré comme figure : on la retrouve par-tout où l'auteur exprime la même idée par plusieurs mots, ou la même pensée par plusieurs phrases, sans aucun profit pour l'énergie ou la clarté. Tel est le défaut qu'on peut reprocher aux expressions suivantes . . . « L'entretien se termina

» par des plaintes *réciproques de part et d'autre.* » Une lettre *remplie de beaucoup* de civilités. » Ces moyens sont *assez suffisants* pour vous » guérir. C'est *à* vous *à* qui ce rôle convient ». Tel est encore, si l'on examine les choses de bien près, le défaut que l'on reproche à Ovide, à Senéque; et parmi les modernes, à Linguet, et à tant d'autres, dont le talent consiste à multiplier les formes des pensées, bien plus que les pensées elles-mêmes. Les ouvrages où ce défaut domine, brillent en vain par l'élégance et la beauté des phrases : ils ont toujours le malheur d'ennuyer : c'est que malgré la variété des tours, malgré la vivacité des mouvements oratoires, malgré l'ame enfin et l'ardeur qu'ils manifestent, ces auteurs n'avancent point, et ne finissent jamais. Ils sont comme ces petits oiseaux infatigables et toujours agités, qui ne quittent point l'arbre sur lequel ils se trouvent.

Le pléonasme considéré comme figure, a besoin d'être spécialement autorisé par l'usage de la langue, ou au moius d'être bien conforme au génie de cette langue, pour pouvoir être admis. Les Hébreux sont le peuple qui paroît y avoir eu le plus souvent recours; comme on peut en juger par.... « Vanité des vanités. *Verba oris ejus » iniquitas et dolus. In corde et corde locuti » sunt. Homo homo filiorum Israël. Moriendo » morieris* etc. ». Plaute a dit de même... « *Simile somnium somniavit* ». Virgile a dit... « *Sic ore locutus* ». Nous disons... « Il y a coutume et coutume. La paix, la paix! Je l'ai vu » moi-même, vu, vous dis-je, ce qui s'appelle » *vu!* » Dans tous ces exemples, on voit des mots qui pourroient être supprimés sans rien ôter à l'intégrité du sens; et c'est là ce qui caractérise le pléonasme, figure qui d'ailleurs n'a rien d'extraordinaire dans l'ordre de la syntaxe, mais qui peut exposer à quelques embarras, par la surabondance même des mots.

ARTICLE VI.

De l'Ellipse dans les Propositions.

(108°.) L'ellipse est une figure de syntaxe par laquelle on supprime dans la phrase, des mots nécessaires à la plénitude du sens, mais assez bien indiqués par ceux que l'on emploie, pour ne laisser aucune obscurité, aucune incertitude à l'esprit.

Nos pensées s'offrent à nous avec tant de rapidité, sur-tout quand nous sommes mus par quelque passion, ou vivement pressés par quelque intérêt, que nos langues, par leur ordre successif et leur lenteur, ne fatiguent pas moins ceux qui parlent que ceux qui écoutent. Aussi voit-on que dans toutes les langues, l'usage s'est emparé de tous les moyens qui se sont offerts, de s'exprimer avec plus de célérité. C'est partout que l'ellipse est usitée, et même très-fréquente. On a senti par-tout que, comme le dit Cicéron, ce qui n'est pas utile, est nuisible : (1) et que, comme dit Horace, il faut chercher à être bref, afin que notre langage, rapide dans sa course, ne nous embarrasse pas de mots qui fatiguent inutilement nos oreilles (2).

Si l'on demande quels sont les mots que l'on peut supprimer, nous dirons avec Sanctius, que ce sont ceux dont l'usage autorise la suppression, et que les principes analytiques et les regles

(1) « *Obstat quidquid non adjuvat* ».

(2) » *Est brevitate opus, ut currat sententia neu se*
» *Impendiat verbis lassus, onerantibus aures.*

grammaticales

grammaticales rappellent suffisamment aux bons esprits. L'ellipse est naturellement plus ordinaire dans les langues transpositives, parce que les mots que l'on exprime, y rappellent plus sensiblement les autres, par la plus grande diversité de leurs formes : aussi Dumarsais nous dit-il que la langue latine est toute elliptique. La langue françoise, qui a bien moins d'ellipses, en compte néanmoins encore beaucoup ; et prinpalement, 1°. dans les phrases où il y a un article sans nom appellatif ; comme... « Je vous ap- » porte ce livre... Je *le* lirai ». 2°. dans les phrases où il y a un verbe au subjonctif, sans être accompagné d'une proposition principale ; comme... « *Dussiez-vous* périr, faites votre » devoir ». (Nous avons déjà insinué qu'il pourroit bien y avoir ici quelques exceptions, et notamment pour les phrases optatives) : 3°. dans certaines réponses aux interrogations ; comme.. « M'entendez-vous ? — *Très-bien.* Où allez- » vous ? — *En Italie* ». 4°. Dans les phrases où l'on voit plusieurs prépositions de suite ; comme.. » *De par* la loi. *Sous de* belles apparences ». 5°. Lorsqu'il y a un adjectif sans nom appellatif ; comme... « *Les plus savants* se trompent ». 6°. Lorsqu'il y a simple opposition d'un participe, ou adjectif, ou substantif à un autre nom ou à un pronom, ou à un verbe ; comme... « Mille » fois *honoré* de vos bontés, je n'oublierai jamais, » etc. *Plein* de cet espoir, il affronte tous les » dangers. Il nie tout, *refuge* honteux des ames » foibles », etc.

Nous avons quelques auteurs qui prétendent que les pluriels ne sont que des ellipses. Nous n'admettrons point cette étrange doctrine, où l'on fait un abus si manifeste et si peu utile ou réfléchi du mot *ellipse*. Si l'on vouloit ainsi ranger tous les lois de cette figure, toutes les expressions qu'il est possible de décomposer en plusieurs autres, tout ou presque tout seroit *ellipse* dans les langues, puisqu'il est vrai que nous n'avons point, ou presque point de mots, dont l'idée soit absolument et rigoureusement simple par-tout. Il n'y a véritablement d'*ellipse* que là où il manque quelque mot à la plénitude de la phrase : ainsi dans, « Nous allons partir », par exemple, aucun mot ne manque à la phrase, et il n'y a point d'ellipse.

ARTICLE VII.

De l'inversion dans les Propositions.

(109°.) L'*inversion* consiste dans une construction où les mots suivent un ordre contraire à l'ordre analytique de nos idées. Cet ordre analytique est nécessairement primitif et préexistant chez ceux qui parlent, et nécessairement ceux qui écoutent y ramènent tout ce qu'on leur dit. Pourquoi donc ne l'appelleroit-on pas l'ordre de la nature?

Chaque langue a une marche fixée par l'usage, et qui est le résultat des moyens de construction que cette langue s'est appropriés, et qu'elle combine entr'eux pour l'expression de nos pensées. Mais en choisissant et en adoptant ces moyens, le premier objet que l'on s'est proposé, a été et a dû être de se faire entendre. Pourroit-on toucher par la représentation des choses qui intéressent l'ame ; plairoit-on à l'oreille par la succession des mots, si avant tout, on n'étoit pas entendu ? Or peut-on être entendu, si les mots, par leur assortiment, ne rendent pas sensibles les rapports des idées qu'ils expriment ; rapports que nous ne démêlons et n'apprécions, qu'à l'aide de l'analyse, et pour lesquels seuls on a recouru aux loix de la syntaxe?

La manifestation de l'ordre analytique tient presque uniquement à deux moyens ; la place des mots et les inflexions dont on les a rendues susceptibles, et qui deviennent autant de signes des relations de nos idées entr'elles ; et les langues font analogues ou transpositives, selon que le premier ou le second de ces deux moyens y prédomine. (Voyez n°. 13.)

Les objets ne peuvent être considérés comme tels ou tels, qu'ils ne soient préalablement connus ; de même qu'ils doivent exister avant d'être déclarés susceptibles d'aucune modification. C'est ainsi que l'ordre analytique précède les loix de la syntaxe. Il est donc dans la nature des choses, que le nom se présente à l'esprit avant l'adjectif, le sujet avant le verbe, et le mot principal avant ses compléments. Tel est l'ordre primitif et naturel qui fonde toutes les syntaxes par l'application et l'emploi des deux moyens que nous avons indiqués, le placement des mots et leurs inflexions.

Observons que dans les langues transpositives, les relations des mots ne pourroient être rendues sensibles par les inflexions de ces mêmes mots, si l'on ne présupposoit pas, comme antérieur et fondamental, l'ordre analytique que suivent les langues analogues : car ces inflexions ne peuvent être déterminées que d'après cet ordre préexistant et apperçu : lui seul dirige celui qui parle ; et c'est encore à lui seul, que l'auditeur rapporte tout ce qu'on lui dit. Cicéron auroit-il pu dire *diuturni*, s'il n'avoit pas eu *silentii* dans sa pensée? Pouvoit-il y voir ce génitif *silentii*, s'il n'y avoit pas vu *finem* dont le premier est le régime? Et cet accusatif *finem* pouvoit-il se présenter à son esprit, sans être précédé du verbe *attulit*? Enfin ce verbe pouvoit-il être ainsi employé à la troisième personne du singulier, si l'orateur romain n'avoit pas eu en idée les mots *hodiernus dies* qui en forment le sujet? Il est donc vrai que les langues transpositives ne sont fondées elles-mêmes que sur l'ordre qu'elles ne suivent pas, et que celui-ci est primitif, fondamental et toujours nécessaire.

Nous concluerons contre l'abbé Batteux et ses partisans, que l'ordre le plus ordinaire aux langues transpositives est un ordre renversé, ou différent de l'ordre naturel, auquel les langues analogues sont bien plus fidèles. Là, les inversions se multiplient presque à volonté : ici le cercle en est resserré par le besoin d'être clair et par l'usage. Ce n'est pas néanmoins que ces dernières langues n'ayent encore bien des *inversions*. Elles se permettent toutes celles qui remplissent les deux conditions, de contribuer à l'agrément ou à la perfection du discours, et de ne produire ni équivoque, ni obscurité.

ARTICLE VIII.

De l'Hyperbate dans les Propositions.

Hyperbate, *transgression* se diroit étymologiquement des mots qui se portent au-delà de la place qu'ils devroient occuper. Cette figure consiste donc dans le déplacement des mots d'une phrase; et en ce sens, l'inversion elle-même est une espèce d'*hyperbate*. Cependant on les distingue l'une de l'autre par un trait bien important; savoir, que l'*inversion* en changeant les mots de place, les laisse toujours auprès de leurs corrélatif : elle se borne à mettre au premier rang, celui qui devroit être au second; et au second, celui qui devroit être au premier : elle dit, *Catonis constantiam admirati sunt omnes*, pour *omnes sunt admirati Constantiam Catonis ;* tandis que l'hyperbate éloigne les correlatifs l'une de l'autre, en plaçant entr'eux d'autres mots qui sont étrangers à leur rapport particulier ; comme dans, *vitio moriens sitit æris herba*, pour *herba moriens vitio æris sitit.*

Quelques auteurs ont mal-à-propos réuni à l'article de l'*hyperbate*, des figures qui n'y appartiennent point, et notamment tout ce qui leur a paru plus digne d'être remarqué dans les changemens que subissent quelquefois les mots d'une phrase : c'est ainsi qu'ils nous citent, 1°. les changemens qui se font dans la forme des mots lorsqu'on emploie un accident pour un autre ; figure que Dumarsais nomme l'*énallage*, et qui ajoute-t-il, est peu propre à répandre quelque jour sur les procédés des langues ; figure d'ailleurs qui ne tenant point à l'emplacement des mots, n'auroit pas dû être rangée parmi les *hyperbates* ; 2°. les changemens qui ont lieu dans les idées plutôt que dans les mots, et où l'on ne voit d'abord que subversion, ou aspect renversé de la corrélation des mots ; c'est ce qu'on nomme l'*hypallage* ; figure dont on cite peu d'exemples qui ne soient pas contestés, si ce n'est l'expression *enfoncer son chapeau dans sa tête*, et quelques autres semblables qu'on traite d'abus plutôt que d'usages légitimes ; car pour ce qui concerne le *gladium vagina vacuum* de Cicéron, on soutient que *vacuus* signifie *dégagé* et non pas *vide* : d'ailleurs tout ceci n'appartient encore pas plus à l'*hyperbate* que l'*énallage* ; 3°. les changements d'ordre dans les syllabes du mot ; comme lorsqu'on coupe le mot, en insérant quelque autre mot entre ses racines ; c'est ce qu'on nomme la *tmèse*, telles qu'on la voit dans *satis mihi fecit*, *reique publicæ*, *septem subjecta trioni*, etc.; ce n'est qu'une figure de diction; 4°. les changements que l'on fait dans le placement de la préposition et de son régime, ou de la conjonction et de l'adverbe comparatif; c'est ce qu'on appelle l'*anastrophe*, figure que l'on retrouve dans *mecum*, *nobiscum*, *Italiam contrà*, *quam priùs abjunctos*, *sedula lavit equos*, etc. Ce n'est qu'une sorte particulière d'*inversion*; 5°. les changemens par lesquels on supprime le corrélatif d'un mot compris dans la phrase; c'est ce qu'on appelle *anacoluthe*, figure dont nous avons un exemple dans « *portis alii bipatentibus* » *adsunt*, *millia* QUOT *magnis numquam venere* » *Mycenis*; » ce n'est qu'une ellipse.

La véritable *hyperbate* ne se présente qu'en deux occasions seulement; savoir, 1°. dans les changements produits par l'insertion d'une nouvelle pensée, qui interrompt la suite de la phrase où on la place; c'est ce qu'on appelle *parenthèse*, comme dans . . . « *Titire, dum redeo, (brevis est via) pasce capellas. Vous m'avez dit, (je m'en souviens bien) qu'il étoit parti depuis deux jours*; et 2°. dans les changements qui éloignent les mots de leurs corrélatifs, par d'autres mots de la même phrase qui se placent entre deux, sans appartenir à leur relation particuliere; c'est ce qu'on nomme *synchyse*, sorte de confusion, telle qu'on la voit dans . . . . « *Des biens du malheureux mandier* » *les débris. Animadverti, judices, omnem* » accusatoris *orationem* in *duas divisam* esse » *partes* ».

La *parenthèse* accumule un plus grand nombre d'idées, et les offre comme en grouppe : mais elle risque de rendre le discours traînant, embarassé et obscur, sur-tout lorsqu'elle est longue, ou qu'on en fait trop souvent usage. La *synchyse* nous expose encore à de plus grands dangers : elle rendroit le discours inintelligible, principalement dans les langues analogues, si on ne la renfermoit pas dans les limites étroites que lui tracent le besoin, le génie de la langue et l'usage. Mais lorsqu'elle est autorisée à ces différents titres, elle réveille l'attention, par la sorte de surprise qu'elle cause, et par l'effort qu'elle exige de l'esprit pour être entendue.

ARTICLE IX.

Des Licences dans les Propositions.

On donne le nom de *licences* à certaines incorrections ou irrégularités dans le langage que l'usage permet, tolere, ou autorise dans certains genres d'ouvrages : il y en a beaucoup qui ne concernent que le matériel des mots : celles qui tiennent à la syntaxe, ne sont que des ellipses, des inversions ou des hyperbates, ou plus rares, ou plus hardies, et que l'usage n'admet pas partout. Nous n'avons point à parler ici des *licences de diction*, et nous n'avons rien de plus à dire sur les autres.

ARTICLE X.

Des Solécismes et Barbarismes dans les Propositions.

Les mots *solécisme* et *barbarisme* ont été d'abord réputés synonimes ; et même depuis qu'on a voulu les distinguer, on n'a pas trouvé à établir entre l'un et l'autre, une différence bien sensible et bien facile à saisir. Tous deux sont employés à désigner toute espece de faute contre le bon usage de la langue. Si l'on veut remonter à leur étymologie, nous verrons d'une part, que les Grecs et les Romains ayant eu l'habitude de donner le nom de *barbares*, à tous les peuples étrangers, toute locution étrangere introduite dans la langue grecque ou la latine, a dû être appellé *barbarisme;* et d'autre part, qu'un roi de Chypre ayant fait bâtir une ville d'après les conseils de Solon, dont elle porte le nom, et cette ville ayant été habitée par un grand nombre d'Athéniens, mêlés et confondus avec les naturels du pays, la langue grecque ne tarda pas à s'y corrompre; d'où il arriva que les vices de langage, tels que ceux des habitans de cette ville, furent désignés par le mot de *solécisme*, dérivé du nom de la même ville.

En cherchant à distinguer ces deux mots, on s'est peu-à-peu accordé à consacrer celui de *solécisme* à toute violation des regles de la syntaxe, et celui du *barbarisme* à toute altération des mots ou de la diction. Si donc on transgresse les regles des déclinaisons, ou des conjugaisons, ou celles de concordance, ou celles des régimes, on fait un *solécisme*. Si l'on emploie des mots qui ne soient pas du dictionnaire de la langue, et qui n'aient pas toute l'analogie et les convenances propres à les faire admettre; si on donne aux mots reçus, un sens que l'usage rejete; si on les défigure en les prononçant ou en les écrivant; si on les associe d'une manière choquante et extraordinaire; si l'on se sert de façons de parler contraires au génie de sa langue, et empruntés de quelque idiome étranger; on fait un *barbarisme*. Dans le premier cas, on péche contre des regles que les naturels du pays peuvent ignorer ou méconnoître aussi bien que les étrangers; dans le second cas, on péche de manière à faire douter que l'on soit du pays.

« Il y a *solécisme*, dit Cicéron, lorsqu'un mot » lié à d'autres, ne s'accorde point avec celui » auquel il se rapporte : il y a *barbarisme*, lors- » qu'un mot est présenté sous une forme vi- » cieuse ». (1)

---

(1) « *Solœcismus, est cùm verbis pluribus consequens verbum,* » *superiori non accommodatur : barbarismus est cùm verbum* » *aliquod vitiose effertur* ».

QUATRIÈME PARTIE.

De la Syntaxe et de la Logique dans le raisonnement et l'argumentation.

(113°.) LA faculté de se faire des idées des choses, conformément à la nature des objets, est ce qu'on appelle *intelligence* : la faculté de réunir plusieurs idées ensemble, conformément à ce qu'elles réprésentent, et d'en composer des jugements ou pensées, est ce qu'on appelle *esprit* : la faculté de combiner plusieurs pensées les unes avec les autres, conformément aux rapports qu'elles ont entr'elles, et de les étendre, ou fortifier par ce secours mutuel, est ce qu'on appelle *raison*. User de cette dernière faculté, qui présuppose les deux autres, est donc ce qu'on appelle *raisonner;* et le *raisonnement* est l'acte même par lequel on en use, ou bien le résultat auquel cet acte nous conduit : c'est si on l'aime mieux, et comme les logiciens ont coutume de le dire, un acte simple de l'ame, par lequel on déduit un *jugement* d'un ou de plusieurs autres *jugements* auxquels il a rapport.

On ne raisonne ainsi que pour porter plus loin les connoissances que l'on a; ou pour y établir un dégré de certitude ou de clarté qu'elles n'ont pas; ou bien pour conduire ceux à qui on parle à des connoissances nouvelles pour eux; ou plus souvent encore pour leur en prouver la vérité. On raisonne donc ou pour soi-même ou pour les autres : dans le premier cas, on ne développe son raisonnement intérieur, qu'autant qu'il le faut pour arriver au but que l'on se propose, et s'assurer qu'on ne se trompe point : dans le second cas, on est presque toujours obligé de décomposer davantage les pensées que l'on emploie, et de les enchaîner plus sensiblement et plus méthodiquement les unes aux autres. On raisonne donc pour soi de la même manière que pour les autres, quant aux pensées que l'on réunit, et aux rapports qu'on découvre et qu'on établit entr'elles : mais on raisonne tout différemment, quant à la rapidité de la marche, à la régularité de la méthode, et aux développements des idées. Les philosophes n'ont peut-être pas donné assez d'attention à cette différence : ils semblent n'avoir eu en vue que les raisonnements que nous addressons aux autres; et c'est pour celà, qu'ils ont mis tous leurs soins à rechercher, et à recueillir les formes d'argumentation qu'ils nous ont enseignées. Nous verrons bientôt combien la science a perdu à ce renversement de l'ordre naturel. En attendant, observons que s'ils s'étoient plus spécialement attachés à nous apprendre à raisonner juste pour nous-mêmes, ils auroient mieux réussi à nous montrer ensuite, comment on peut bien raisonner pour les autres : ne craignons pas de dire que de cette sorte, ils seroient arrivés plus vite, plus facilment, et plus sûrement à leur but; et qu'ils n'auroient pas exposé la philosophie aux reproches trop mérités que lui fait le monde savant depuis tant d'années, ou même depuis quelques siècles, de ne servir qu'à fausser l'sprit en le livrant à un vain ergotage, et à des subtilités pénibles à saisir, et puériles à rechercher; qu'ils n'auroient pas fait dire à Bacon que, « la philosophie des Grecs » n'a été qu'une philosophie *professoriale*, qui » se repand en vaines disputes, et qui par-là » devient ce qu'il y a de plus opposé à la re-

» cherche de la vérité » (1) ; qu'ils n'auroient pas donné lieu au pere Rapin de nous avertir dans ses parallelles, « que la dialectique nous » fournit des moyens de nous égarer, aussi bien » que des moyens de nous éclairer » ; et que sans la faute si funeste que nous leur reprochons, Locke n'auroit pas eu occasion de remarquer et de nous dire, qu'il n'y a pas de caractères plus opposés entr'eux, que celui d'un ergoteur, et celui d'un philosophe qui raisonne juste.

Pour ne pas mériter des reproches aussi graves, et sortir enfin de l'ornière que les anciens philosophes nous ont frayée, et qui n'a pu nous conduire qu'à des erreurs si pernicieuses ; nous allons essayer de poser des principes de raisonnement aussi simples qu'évidens ; principes qui auront pour objet primitif, les raisonnements que nous avons à faire pour nous-mêmes, et qui n'en seront pas moins suffisants pour nous guider dans les raisonnements que nous pouvons avoir à former pour les autres. Comme il est juste néanmoins de connoître la doctrine des anciens à cet égard, nous donnerons une notice aussi courte que le soin d'être clairs nous le permettra, des diverses formes d'argumentations que l'on a si long-temps recommandées dans les écoles ; et nous finirons par quelques observations importantes, ou maximes essentielles, relatives à la conduite des ouvrages, et au choix des plans qu'on peut avoir à se tracer, ainsi qu'aux bases principales de la ponctuation. C'est ainsi que cette partie se divisera en quatre chapitres assez courts ; le premier sur les principes du raison-

---

(1) « *Erat sapientia Græcorum professoria, et in disputa-* » *tiones diffusa ; quod genus inquisitioni veritatis adversis-* » *simum est* ».

nement ; le second, sur les formes des arguments simples ou composés que l'on a connus jusqu'à nous ; le troisième sur la méthode ; et le quatrième sur le vrai système de la ponctuation.

CHAPITRE PREMIER.

Des vrais principes de l'art de raisonner.

(114°.) Sur quels principes repose véritablement l'art de raisonner ? ou si l'on veut, quels sont les moyens de parvenir à connoître et à établir les rapports qui existent entre nos idées et nos pensées ? Pour répondre à cette question, souvenons-nous d'un point de doctrine que nous avons suffisamment développé ailleurs (voyez n°. 26°.) ; savoir que tous les rapports dont il s'agit ici, se rangent les uns dans la classe des rapports identiques, et les autres dans la classe des rapports de dépendance. C'est cette même division qui nous servira de guide en ce chapitre, et nous fournira deux paragraphes ; le premier sur les moyens de découvrir les rapports d'identité, et le second sur les moyens de découvrir les rapports de dépendance entre nos pensées ou jugements.

PARAGRAPHE PREMIER.

Moyens de découvrir les rapports d'identité entre nos pensées ou jugements.

(115°.) Si je vois en même temps deux idées claires et distinctes, et que je les confronte, c'est-à-dire, que j'examine ce qu'elles sont l'une par rapport à l'autre, en ce qui tient à la nature de leurs objets ; je découvrirai évidemment et nécessairement, si l'une est ou n'est pas de la compréhension ou de l'extension de l'autre. Pour ne pas le découvrir, il faudroit ne pas savoir ce que ces deux idées contiennent, ne pas voir ce qu'elles représentent : il faudroit donc, ou ne pas les avoir dans l'esprit, ou ne les y appercevoir que d'une manière singulièrement confuse, obscure, vague, et imparfaite. Que je confronte ainsi les idées *hommes* et *animal :* pour peu que je m'occupe de les décomposer, je retrouverai dans la première, tout ce que j'aurai observé dans la seconde, et sur-tout un corps, des organes, la vie, des mouvements et une action spontanée, etc. Je verrai donc évidemment et nécessairement que l'idée *animal* est comprise toute entière dans l'idée *homme ;* que celle-là est une des idées partielles que renferme ou dont se compose celle-ci, c'est-à-dire, que l'idée *animal* est de la compréhension de l'idée *homme*, laquelle à son tour est une de celles auxquelles la même idée *animal* s'étend : car ce sont deux choses toujours réciproques ; mais que l'idée *animal* ne comprend point l'idée *homme*, puisque j'apperçois dans celle-ci, des idées partielles que je ne retrouve point dans celle-là, telles que peut me les offrir la qualité d'être libre, moral, et raisonnable, etc. C'est ainsi qu'il deviendra évidemment et nécessairement vrai pour moi, que tout ce que j'aurai pu affirmer d'une idée, je pourrai également l'affirmer des autres idées où celle-là sera comprise ; mais que ce que j'aurai dit de celles-ci, ne sera applicable à la première que dans un sens inverse. Or voilà précisément ce qui constitue les deux principales especes de rapports d'identité, tels qu'ils résultent de la nature des choses ; especes dont l'une lie le contenant au contenu, et dont l'autre lie le contenu au contenant ; especes dont l'une est fondée sur ce que l'on retrouve dans le premier terme, tout ce qui est dans le second ; et dont l'autre porte sur ce que son premier terme s'applique tout entier à tous les individus que le second terme embrasse.

Mais outre ces premieres rapports d'identité, que nous puisons dans la nature même des choses, il nous arrive très-souvent, ainsi que nous l'avons déjà remarqué, (voyez n°. 35°.) d'en établir de semblables, dans des occasions où ils n'ont d'autre appui que nos connoissances acquises, quelques faits ou événements particuliers, certaines circonstances accidentelles, ou nos propres conceptions : en ces derniers cas, nous plaçons dans nos pensées, un rapport d'identité et une qualité passagere, accessoire, ou peu connue ; et il arrive qu'il est souvent difficile de bien établir si nous avons tort ou raison de faire ces rapprochements. Sans doute quand la Buyère disoit... « Le devoir des » juges est de rendre la justice ; le métier est de » la différer ; il y en a qui savent leur devoir, » et font leur métier » ; il voyoit bien l'identité qu'il annonçoit entre l'idée qu'il s'étoit faite des juges de son temps, et les diverses qualités de *devoir rendre la justice, de s'habituer à la différer,* et de savoir fort bien ce qu'exige le premier point, tout en se bornant au second : mais ne se trompoit-il point en attribuant ces mêmes qualités aux juges de son temps et de son pays ? Et comment auroit-il pu me prouver qu'il ne se trompoit point ? La Bruyère n'avoit, pour se prouver sa véracité à lui-même, que sa bonne foi, et le très-grand nombre de faits particuliers propres à justifier son opinion, et parvenus d'une manière certaine à sa connoissance : mais pour convaincre ses lecteurs, il lui auroit fallu établir démonstrativement la vérité de tous ces faits particuliers.

Nous admettons donc des rapports d'identité entre nos idées, tantôt d'après des connoissances certaines, et tantôt sur de simples présomptions, ou même sur des motifs encore moins valables ; d'où il est naturel de conclure que souvent nous pouvons nous tromper ; et que plus souvent encore nous sommes loin de pouvoir nous justifier à nous-mêmes nos jugements, ou de pouvoir les justifier aux autres.

Quand une qualité n'entre pas dans la nature absolue, nécessaire, et invariable d'un objet, il nous reste à examiner si cet objet en est ou n'en est pas susceptible, d'après sa nature même : s'il y a opposition ou contrariété formelle et sensible entre cette qualité, et quelqu'une de celles qui sont essentielles à l'objet, il est évident que l'on ne peut les réunir sans une erreur manifeste : si au contraire, on voit dans l'une, la possibilité de s'allier aux autres, il faut recourir aux calculs, et ensuite aux preuves ; aux calculs fondés sur les probabilités et les convenances ; et aux preuves qui ne peuvent naître que de l'autorité des faits, soit physiques, soit moraux.

Tout ce que l'on vient de dire des rapports d'*identité* entre nos idées, se doit également entendre des mêmes rapports entre nos pensées ou jugements. En effet, ces mêmes rapports donnent lieu à autant de phrases qu'il y a de termes, quand on décompose ses idées, soit pour les rendre plus claires ou plus précises, soit pour les présenter avec plus de force ; et tous ces changements introduits dans la forme de leur expression, n'en font et n'en occasionnent aucun dans

la

la nature, la vérité, et le rapport des choses. Ainsi l'on ne peut établir sous ce point de vue, aucun principe concernant les idées, que l'on ne doive également appliquer aux propositions que l'on substitue aux mots, par où on pouvoit d'abord les exprimer. Or ces propositions liées entr'elles par les mêmes rapports qui, dans l'hypothèse d'une expression plus simple, auroient lié les mots dans une seule phrase, forment ensemble ce qu'on nomme raisonnement ; d'où il suit que les rapports d'identité se découvrent et se vérifient dans les raisonnements, de la même manière que dans nos jugements les moins complexes et les plus isolés. Nous disons ici que ces rapports se découvrent et se vérifient, et non qu'ils s'expriment de la même manière : car dans une proposition simple, on les exprime ou par le verbe seulement, ou par les accidents des mots ; au lieu que dans les raisonnements, on emploie les expressions conjonctives, et les tours périodiques que nous offrent les langues.

Quel est donc le principe de raisonnement que nous aurons à proposer concernant les rapports d'identité ? Avant de répondre à cette question, nous observerons que les philosophes dédaignant tout ce qui n'est pas susceptible d'une certitude rigoureuse et absolue, nous ne dirons rien des rapports d'identité qui ne sont fondés que sur des conjectures, ou sur des probabilités, ou même sur des faits : il ne s'agit ici que des rapports d'identité qui résultent de la nature même des choses. Or en ce cas, le principe que nous cherchons, est bien simple : il consiste à n'admettre que 1°. l'identité de compréhension, en affirmant le contenu du contenant ; et que 2°. l'identité d'extension, en affirmant le contenant du contenu ; et même à n'admettre l'un et l'autre, qu'autant qu'ils se manifestent évidemment dans les idées elles-mêmes.

Nous ne proposons pour principe dans l'art du raisonnement, que l'attention qu'il faut mettre à bien saisir la nature de nos idées, à les bien étudier, et à ne jamais nous en écarter ; parce qu'en effet, la vérité, la certitude, et l'évidence même ne peuvent pas avoir d'autre base ou d'autre appui. Et quel autre flambeau pourroit nous éclairer, ou nous diriger ? N'est-ce pas à nos idées qu'il faut toujours remonter et s'arrêter ? Si nous les voyons bien, et si nous nous renfermons dans ce qu'elles nous offrent, pouvons-nous raisonner mal ? Et si nous négligeons d'en suivre scrupuleusement le fil et la chaîne, quelle est la regle d'Aristote qui ne devienne pas alors pour nous, un instrument inutile ou dangereux ? Les formes que l'on peut donner à ses raisonnements, sont peu nécessaires à ceux qui sont fideles à leurs pensées ; et elles ne remédient à rien pour tous les autres.

PARAGRAPHE II.

Moyens de découvrir les rapports de dépendance entre nos pensées et nos jugements.

(116°.) Nous avons déjà eu plusieurs fois occasion d'observer que les rapports de dépendance se partagent en plusieurs classes ou especes : il seroit peut-être difficile d'en donner une énumération parfaitement exacte ; mais on se contente, et l'on peut sans inconvénient se contenter, d'en remarquer quelques-unes des plus usuelles et des plus importantes : car les principes ou regles que l'on aura eu à poser sur celles-là, auront graduellement et par analogie, une application toujours facile à faire, pour celles dont on n'aura point parlé. C'est d'après cette considération, que nous nous bornons ici à rechercher en six articles seulement, les principes propres à nous assurer des rapports qui existent entre nos idées ou pensées, lorsque nous considérons les choses comme causes ou effets; lorsque nous les comparons ensemble; lorsque nous les opposons les unes aux autres; lorsque nous les accumulons; lorsqu'elles sont en supposition; et enfin lorsqu'elles sont circonstancielles les unes à l'égard des autres.

Dans les six articles que nous annonçons, on ne doit pas perdre de vue, ce que nous avons dit ci-devant, en parlant des diverses manières d'exprimer les rapports d'*identité* : car il faut dire la même chose des diverses manières d'exprimer les rapports de *dépendance*, quels qu'ils soient. Souvent il nous arrive de consacrer des phrases entières à l'expression des idées que nous croyons alors devoir décomposer; et nous substituons des propositions à des mots. Cependant les rapports restent essentiellement et nécessairement les mêmes : ils doivent donc être toujours soumis, sinon aux mêmes regles usuelles, du moins aux mêmes loix générales : car le raisonnement que nous offrent les propositions réunies, n'est qu'un développement du jugement qu'il remplace; de même que le jugement, ainsi que nous l'avons dit ailleurs, n'est que le développement d'une idée complexe.

ARTICLE PREMIER.

Principes sur les rapports de causes et d'effets.

(117°.) Passer des causes à leurs effets, est ce que dans les écoles on a nommé *raisonner ou prouver à* PRIORI : remonter des effets à leurs causes, est ce qu'on appelle *raisonner ou prouver à* POSTERIORI. Il est évident qu'une *cause* ne peut produire un *effet*, qu'autant qu'elle en a la *puissance ;* et qu'elle ne le produit réellement, qu'autant qu'elle use de cette même *puissance*. Nous ne pouvons donc rien affirmer à cet égard, que nous ne soyons assurés tout-à-la-fois de deux points ; le premier, que la *puissance* de produire tel effet existe dans telle *cause*, soit comme inhérente, soit comme passagere ; et le second, que cette même *cause* a réellement usé de sa puissance. Or comment pouvons-nous acquérir une connoissance certaine de ces deux points fondamentaux ?

Nous ne pouvons parvenir, au moins d'une manière directe, à la première de ces deux connoissances, que par l'analogie des idées claires et précises des deux choses, que nous voulons rapprocher l'une de l'autre, comme *cause* et *effet*. Si nos idées sont précises et suffisantes, nous voyons dans l'une et dans l'autre, l'analogie dont nous venons de parler : nous voyons que l'une qui s'offre à nous comme *cause*, a seule les facultés ou perfections qui constituent la *puissance* de produire tel effet ; ou si elle ne les a pas seule, nous voyons du moins, par d'autres considérations, qu'il n'y a qu'elle qui ait réuni la totalité des conditions nécessaires pour le produire. Ce n'est qu'en se renfermant dans le cercle de ces principes, que l'on peut admettre les axiômes tant répétés dans les écoles, que « personne ne donne ce « qu'il n'a pas ; que la cause admise, l'effet doit « s'en suivre ; et que l'effet cesse dès qu'on ôte la « cause ». (1) Le premier de ces axiômes, si on

(1) *Nemo dat quod non habet : datâ causâ, datur et effectus : sublatâ causâ, tollitur et effectus.*

le prend à la lettre, ne peut avoir ici qu'une application fausse ou forcée : le second n'est applicable qu'à des causes toujours et nécessairement agissantes ; et le troisième ne peut avoir lieu qu'en supposant une cause non-seulement nécessaire, mais unique.

Si les idées que nous avons d'une *cause* et de son *effet*, sont trop vagues, trop confuses, et trop imparfaites, pour y saisir l'analogie qui les rapproche ; ou si plusieurs *causes* peuvent produire le même *effet*, et qu'il ne nous apparoisse pas que ce soit l'une plutôt que l'autre, qui ait véritablement usé de sa *puissance*, alors il ne nous reste de recours qu'à l'expérience : encore faut-il que cette expérience soit constante, ou bien multipliée et uniforme. Si elle nous prouve de cette sorte, que tel *effet* vient de telle *cause*, et ne peut venir que d'elle ; la vue de l'effet suffira pour nous assurer que cette *cause* a agi ; et s'il est question d'une *cause* nécessaire ou unique et nécessairement agissante, la vue de cette *cause* suffira pour nous assurer que l'effet doit avoir lieu.

Les expériences dont nous venons de parler, ont l'avantage de fortifier la preuve que nous pouvons tirer de l'analogie de nos idées, lorsque celles-ci sont claires, distinctes, et suffisantes : mais lorsque celles-ci ne nous éclairent pas suffisamment, celles-là ont l'avantage d'y suppléer. Ce n'est que par ce dernier moyen, que nous pouvons découvrir dans beaucoup de *causes*, des qualités importantes qui nous échappent d'ailleurs ; comme on peut en juger par les connoissances que nous avons acquises de ce qui tient à la physique, à la chymie, à la botanique, et en général aux propriétés des corps. Tels sont les principes qui doivent nous diriger dans les raisonnements que nous avons à former, pour nous ou pour les autres, sur les causes et les effets. Sans doute, il y a quelques modifications à observer, lorsqu'il s'agit de certaines sortes de *causes*, comme de causes matérielles, instrumentales, exemplaires, occasionnelles, finales, etc. Mais en général ces modifications sont faciles à saisir et à suivre, pour peu que l'on fasse attention au caractère spécial de l'espece de cause sur laquelle on fonde son raisonnement. Notre principe ici est donc.... que là où l'on énonce une cause et un effet, on risquera toujours de raisonner mal, si la liaison de ces deux choses n'est pas telle, que l'idée de l'une nous conduise nécessairement par l'évidence de l'analogie, ou par la certitude de l'expérience, à l'idée de l'autre, et s'y retrouve.

ARTICLE II.

Principes sur les rapports des pensées comparées ensemble.

(118°.) La *comparaison* est l'acte pour lequel nous examinons ce qu'il y a de ressemblance et de différence, ou d'égalité et d'inégalité entre des idées que nous confrontons les unes avec les autres dans la vue d'y découvrir ces rapports. La ressemblance est plus ou moins totale ou partielle, selon qu'elle tombe sur un plus grand ou plus petit nombre de traits propres à chaque objet; elle est plus ou moins exacte ou imparfaite, selon que pour chaque trait elle est à nos yeux plus ou moins complete, régulière et sensible. L'égalité se fonde bien d'abord sur les mêmes qualités que la ressemblance; mais elle a celà de particulier, qu'en dénotant les mêmes traits, elle porte particulièrement sur la similitude de leurs dégrés ou nuances. C'est pour celà que lorsqu'il s'agit d'inégalité, nous avons souvent à distinguer des dégrés de supériorité ou d'infériorité. Souvent, au reste, l'expression des rapports d'égalité ou de ressemblance, nous conduit à des formes de phrases compliquées ou conjonctives, et sur-tout copulatives, ou conductives.

Il paroît convenable de dire ici quelques mots des rapports qui se fondent sur l'analogie, et de ceux que l'on trouve entre les idées ou pensées relatives; d'autant plus que les uns et les autres se rapprochent assez des rapports comparatifs, pour que les philosophes les aient plus d'une fois confondus ensemble. Souvent les choses analogues ne se ressemblent point en elles-mêmes et intrinséquement; mais tantôt elles tiennent ou aux mêmes causes, ou à des causes qui se ressemblent; tantôt elles conduisent aux mêmes résultats, ou à des résultats semblables, etc. Lorsque les choses se ressemblent elles n'appartiennent à l'analogie qu'autant qu'il n'y en a qu'une de suffisamment connue, et que la similitude ne se découvre ou ne se prouve qu'à l'aide des causes, des effets ou des circonstances; c'est-à-dire, de la même manière que l'analogie de celles qui ne se ressemblent pas en elles-mêmes. En un mot, la comparaison porte sur les choses, vues et considérées directement elles-mêmes, et l'analogie sur leurs effets, ou leur origine, ou destination, ou puissance, ou alentours : si l'on veut que l'analogie soit encore une sorte de comparaison, ce sera une comparaison qui n'aura pour objet, que ce qui précede, suit ou environne les choses, et non ce qui les constitue et caractérise, en les prenant séparément. A ces différences près, l'analogie donne assez communément la même forme à nos raisonnements, que la comparaison.

Les idées ou pensées relatives ont celà de particulier, qu'elles ont besoin l'une de l'autre pour être entières ; que l'une sans l'autre seroit vague, indéterminée, incomplete et insuffisante. Si je vois dans l'idée que j'ai de votre frere, qu'il est votre frere, puis-je ne pas être ramené à vous par cette même idée ? Puis-je avoir l'idée d'un vêtement et le considérer comme tel, sans y joindre l'idée, vague ou non, de quelque personne qui puisse ou doive s'en revêtir ?

Le principe fondamental que l'on ne doit pas perdre de vue dans les raisonnements qui tiennent à ces sortes de rapports, est que c'est sur-tout de la justesse et de la présentation manifeste de la relation, de l'analogie, et de la comparaison, que dépendent la vérité et la certitude.

ARTICLE III.

Principes sur les rapports d'opposition.

(119°.) Lorsque la confrontation et la comparaison de nos idées ou pensées ne nous y découvrent ni égalité ni ressemblance, nous nous assurons qu'elles sont diverses, étrangeres, ou opposées. Elles ne sont que diverses, lorsqu'elles nous offrent à certains égards de l'inégalité ou de la différence : elles sont étrangères, lorsqu elles n'ont aucun trait particulier qui les rapproche l'une de l'autre : elles sont opposées, lorsqu'elles s'excluent mutuellement, se repoussent, se placent à plus ou moins de distance l'une de l'autre, ou même se montrent inconciliables. Ici se rapportent les formes adversatives, les disjonctives, les alternatives, les contraires, les contradictoires, et autres semblables ; à quoi il faut ajouter que c'est dans ces circonstances, que l'on a le plus souvent à recourir aux divisions et aux énumérations. Car si l'on y prend garde, on verra que ce sont toujours des considérations de quelque différence, inégalité, ou opposition d'une part, et quelque trait de ressemblance ou égalité de l'autre, qui nous fournissent les parties similaires et les classifications.

Ne devons nous donc pas établir ici pour principe, qu'il faut que l'opposition soit réelle; que s'il y a disjonction ou alternative, il faut de plus qu'il n'y ait pas de milieu entre les parties opposées; que dans les phrases discrétives, il faut que les parties soient toutes bien distinctes et également vraies, et que dans les adversatives, exceptives et exclusives, il faut que la vérité s'aperçoive toujours dans l'admission d'une part, et dans l'exception, exclusion, ou rejet de l'autre.

ARTICLE IV.

Principes snr les rapports d'accumulation.

(120°) Nous n'accumulons nos idées ou pensées, que pour les faire servir à se compléter ou éclaircir mutuellement, ou pour les faire concourir à en compléter ou éclaircir quelqu'autre. Le premier de ces deux soins nous conduit ordinairement à tout ce qu'on appelle régime, aux définitions, aux phrases relatives, aux explicatives et déterminatives, aux conductives, etc. Le second but nous amene les parties similaires, les exemples cités en preuves, les propositions copulatives, etc. Il est facile de se convaincre que ce n'est que pour en indiquer l'emploi le plus ordinaire, que dans cet article et quelques autres, nous présentons telle forme de propositions, comme destinée à remplir tel office particulier : car dans la variété infinie des combinaisons dont nos idées et nos pensées sont susceptibles, peut-il ne pas arriver que la plupart de ces formes fassent successivement un grand nombre de services divers? Nous n'avons donc voulu ici que rappeller quel est l'usage le plus naturel des formes que nous citons.

Le principe que nous proposerons pour cet article, est que partout où il y a accumulation, parties similaires et phrases copulatives, la vérité doit évidemment se retrouver de même dans toutes les parties que l'on réunit ; que partout où il y a complément ou régime, comme dans les phrases conductives, on doit voir clairement dans le terme principal, le vide ou le vague qui en rend l'expression insuffisante ; et dans le complément ou régime, la convenance propre à le justifier, et à conduire le sens à sa perfection ; que c'est de cette sorte que les phrases explicatives et les déterminatives doivent nous offrir, les unes un développement sensible et convenable, et les autres une restriction fondée de leurs termes antécédents ; que dans les phrases inceptives et désitives, il y a toujours deux vérités à établir, aussi bien que dans les augmentatives et les extensives ; et qu'enfin la conséquence dans les conclusives, et l'analogie dans les transitives, doivent toujours être frappantes et justes.

ARTICLE V.

Principes sur les rapports conditionnels.

(121°.) Les rapports dont il s'agit ici, consistent à présenter l'existence ou l'admission d'une chose, comme dépendante de l'admission ou de l'existence préalable ou concomitante, ou postérieure d'une autre. On pourroit disputer longuement pour prouver que ces rapports appartiennent à la classe de ceux qui nous donnent les phrases comparatives, ou même relatives : nous ne nous arrêterons point à ces discussions peu importantes : il nous suffit d'observer que dans les raisonnements suppositifs ou hypothétiques, c'est la réalité de la condition qui fait la vérité. Ainsi notre principe sera, que là où l'on admet une condition ou hypothèse, la vérité requiert que la partie principale et directe soit réellement une conséquence de la supposition ; en un mot que celle-ci soit nécessaire à celle-là.

ARTICLE VI.

Principes sur les rapports circonstanciels.

(122°.) Les rapports circonstanciels portent sur une liaison de concomitance, ou d'entériorité, ou de postériorité, soit qu'il y ait dépendance ou non : les circonstances tiennent le plus ordinairement au temps et au lieu : elles nous offrent l'idée de choses qui environnent ou accompagnent. Nous donnerons donc pour principe que dans ces occasions, comme dans les phrases temporaires, la vérité demande que les parties prises séparément soient toutes également vraies, et que la liaison qu'elles ont à telle époque ou à tel autre fait, soit bien réelle.

C'est dans la connoissance que nous avons des choses, et dans les idées que nous nous en formons, que tous les rapports que nous venons de parcourir, et tous ceux que l'on pourroit y ajouter, peuvent se manifester à nous. Nous les verrons toujours avec plus de certitude et d'évidence, à mesure que nos idées seront plus adéquates, plus fideles, et plus claires. Si nous connoissons d'où les choses viennent, comment et de quoi elles ont été formées, et à quoi elles peuvent servir; si nous savons quelles sont celles qui les précédent, ou les accompagnent, ou les suivent; si nous en observons les effets ou les causes; si dans notre esprit en un mot, elles ne se montrent qu'avec les qualités et modifications qui leur appartiennent, dans le cadre qui leur convient, et sous un jour pur et lumineux; il est impossible qu'il ne résulte pas de la vue seule que nous en aurons, un cortege qui en soit comme inséparable : il est impossible que nous ne soyons pas aussi assurés et aussi frappés de la liaison et de la dépendance de tout ce cortege, que des idées principales elles-mêmes.

La vue de nos idées, lorsque celles-ci sont claires, précises, et distinctes, nous conduit donc nécessairement à la connoissance certaine des rapports sur lesquels s'appuient toutes les sortes de phrases compliquées et combinées que nous pouvons former, et qui les lient entr'elles dans la suite de nos raisonnements. Il est seulement essentiel d'avertir ici, que l'on ne parvient point à se faire des idées telles que nous les supposons, et à s'en rendre compte d'une manière claire, précise, et certaine, à moins que l'on ne contracte l'habitude d'examiner toujours les choses, avec autant d'attention que d'impartialité et de persévérance : on ne devient habile, même dans l'art de penser et de raisonner juste, dit Locke, que par un exercice fréquent mais non forcé. Celui qui ne sait pas observer ou qui juge trop légérement, ne peut manquer de se précipiter dans les erreurs les plus funestes. Selon Descartes, ce n'est point en comprenant moins d'idées dans nos pensées, que celles-ci deviennent plus distinctes : c'est en prenant le soin de les démêler les unes des autres, avec beaucoup d'exactitude ... (1).

Il suit de ce qui précéde, que nos raisonnements se forment de pensées liées ensemble par des rapports d'identité ou de dépendance ; que chacune de ces classes de rapports releve de principes certains et infaillibles pour les hommes attentifs, et fideles à ne se fonder que sur des idées justes, claires, et distinctes ; et que comme ce n'est que de ces idées seules, que ces rapports peuvent naître, ce n'est aussi que dans l'examen réfléchi que nous sommes si intéressés à en faire, que nous pouvons puiser, vérifier, et apprendre à suivre ces principes eux-mêmes. Voilà donc à quoi les bons esprits réduiront toujours la véritable logique, logique propre à faire des hommes; laissant à l'ancienne école, celle qui ne porte que sur des formules de routine aussi dangereuses que subtiles, et dont l'effet est de faire des sophistes, des ergoteurs, ou de misérables perroquets, et non des êtres pensants et profonds. Au reste, la notice que nous allons donner des anciennes sortes d'arguments employés par les philosophes, prouvera la vérité de tout ce que nous en disons.

CHAPITRE II.

Des formes d'arguments simples ou composés.

(123°.) Si nous transportons nos raisonnements dans le langage, transport qui n'a gueres

(1) « *Non distinctior fit conceptus, ex eo quod pauciora in* » *eo comprehendamus ; sed tantùm ex eo quod illa quæ in ipso* » *comprehendimus, ab omnibus aliis accuratè distinguamus* ».

pour objet que d'instruire ou de convaincre ceux à qui nous parlons, ou pour qui nous écrivons; alors il nous arrive fréquemment de transformer ces mêmes raisonnements en arguments de diverses especes, selon les pensées que nous avons à y faire entrer, et selon l'ordre que nous voulons y établir. L'argumentation qui résulte de ces procédés, est, dit-on, l'interprête du raisonnement : mais nous avons déjà vu combien cet interprête est souvent peu fidele, sinon quant au fonds et au choix des pensées, du moins quant à leur forme et à leur développement. (Voyez n°. 113°.)

Les philosophes anciens et les modernes se sont essentiellement occupés de l'argumentation : ils sont descendus à cet égard, dans les détails même les plus minutieux : Aristote y a le premier, et plus spécialement qu'aucun autre, employé toute la sagacité de son génie : aussi a-t-il toujours été l'auteur le plus accrédité et le plus révéré, pour cette branche particulière de l'art; jusqu'à ce qu'enfin les progrès de la raison nous aient fait appercevoir que ce philosophe, ce maître des écoles, et ses disciples, avoient attaché trop d'importance à des regles très-ingénieuses sans doute, mais plus fines qu'utiles ou nécessaires. Condillac dans ces derniers temps, est celui qui a achevé de ruiner ce système d'*arguments en forme,* que l'on nous a renouvellés des Grecs durant plusieurs siècles : il l'a, dis-je, ruiné en y substituant l'art analytique dont il nous a donné tant et de si précieux modèles. Dans cet état de choses, nous pensons ne devoir revenir aux arguments employés par ceux qui nous ont précédés, que pour satisfaire au desir légitime que l'on peut avoir de les connoître, et pour en donner une notion qui mette en état de les apprécier. Nous aurons en conséquence à parler, 1°. du syllogisme simple; 2°. des syllogismes composés; 3°. des diverses autres sortes d'arguments employés par les philosophes; et 4°. des principales especes de sophismes. Les détails où nous aurons à entrer à ces différents égards, rempliront quatre paragraphes, et compléteront ce chapitre.

PARAGRAPHE PREMIER.

Du Syllogisme simple.

(124°.) On a toujours placé, le syllogisme simple au premier rang des arguments dont nous avons à parler : on l'a regardé comme le plus parfait de tous; et c'est pour celà, qu'on a même cherché à y ramener la plupart des autres sortes d'arguments. Ce syllogisme est composé de trois propositions simples, dont la dernière, considérée hors de l'argument, ou avant que l'argument soit formé, prend le nom de *question;* et considérée dans l'argument même, en est la *conclusion.* Les deux autres propositions du syllogisme s'appellent *prémisses*, l'une *majeure*, et l'autre *mineure.* Le sujet de la question ou conclusion prend le nom de *grand terme*, et l'attribut de cette même question ou conclusion, celui de *petit terme;* dénominations fondées sur ce que celui-ci est souvent moins général que celui-là, et qu'en tout cas, il ne l'est jamais davantage : car dans toute proposition, l'attribut n'est jamais considéré que relativement au sujet; d'où il suit que l'extension en est restrainte par cette circonstance, toutes les fois qu'elle est naturellement plus grande; au lieu que le sujet est pris en général selon toute l'extension que l'expression de la phrase nous présente. La prémisse qui contient le grand terme, est celle qu'on appelle *majeure ;* et celle où l'on trouve le petit terme, est la *mineure.*

L'invention du syllogisme ne peut être due qu'à ceux qui les premiers ont observé, que le procédé le plus sûr pour prouver une proposition, est de comparer ou confronter le sujet et l'attribut de cette proposition avec une troisième idée, à laquelle on a donné le nom de *terme moyen :* c'est de cette opération, que viennent les deux *prémisses*, ou propositions formées pour confronter successivement, l'une le *terme moyen* avec le sujet de la question ou le *grand terme*, et l'autre le même *terme moyen* avec l'attribut de la même question, ou le *petit terme.* Cette comparaison ou confrontation a pour objet, de découvrir si le *terme moyen* convient ou ne convient pas avec le deux autres termes du syllogisme : s'il y a convenance de part et d'autre, on en conclut que les deux termes de la question conviennent également entr'eux. Si la convenance existe d'un côté et manque de l'autre, on en conclut que les deux termes de la question ne convient pas entr'eux : si le terme moyen ne convient à aucun des deux autres termes, on n'en peut rien conclure pour ou contre ceux-ci, parce que deux idées peuvent très-bien convenir ensemble, quoiqu'elles ne conviennent ni l'une ni l'autre, à une troisième idée qu'on aura prise mal-à-propos pour terme moyen. Tout dépend donc en partie du choix de l'idée que l'on prend pour terme moyen : mais ce choix ne peut être dirigé que par l'apperçu des convenances, c'est-à-dire, par le bon sens, ou par des esprits bien organisés.

La justesse de tous ces principes tient à l'idée qu'on

qu'on attache au mot *convenance :* or on entend cette expression de deux manières, qui consistent, la première, à dire que deux choses conviennent entr'elles, lorsque l'une contient l'autre; et la seconde qu'elles conviennent entr'elles, lorsque l'une est égale ou semblable à l'autre. Ainsi l'on dit que, si une chose en contient une seconde, laquelle en contienne elle-même une troisième, cette dernière est également contenue dans la première; et l'on dit encore que deux choses sont égales ou semblables entr elles, lorsqu'elles sont toutes deux égales ou semblables à une troisième et même chose. Cette double interprétation, toujours admise dans les écoles, y a fourni deux maximes, considérées comme axiômes, et en effet toutes deux évidentes : on peut les retrouver l'une et l'autre dans cette seule phrase si connue ... « Les » choses égales à une troisième chose sont égales » entr'elles ». (1) Cependant Bacon a osé s'élever contre ..... « Sans doute, dit-il, les idées qui » conviennent à un terme moyen, conviennent » entr'elles : ce principe est d'une certitude ma- » thématique. Mais il nous cache néanmoins un » piége : car le syllogisme est composé de propo- » sitions; et les propositions le sont de mots qui » ne sont eux-mêmes que des signes et des sym- » boles de nos idées. Les hommes, ajoute-t-il, « croient que la raison commande aux langues : » mais il arrive aussi que nos paroles retournent » sur l'entendement humain, toute la force » qu'elles ont reçues de nous, et qu'ainsi elles » exercent à leur tour un empire très-dangereux ». La sévérité de Bacon dans ce passage est injuste et outrée : car ce sont les idées et les pensées que nous considérons et confrontons dans nos raison-

(1) « *Quæ sunt eadem uni tertio, sunt eadem inter se* ».

nements, bien plus que les propositions et les mots. D'ailleurs si l'on admettoit son objection, il faudroit proscrire également toutes les espèces d'arguments, et par conséquent aussi l'*induction* à laquelle ce grand homme à tant de confiance, et où toutefois on n'emploie encore que des propositions et dés mots, *idearum tesseras et idola.*

C'est de ces notions fondamentales, qu'on a déduit toutes les règles qui ont le syllogisme pour objet. Nous n'entrerons point dans l'examen détaillé de ces règles beaucoup trop nombreuses et peu nécessaires: nous nous bornerons à observer,.. 1°. que parmi celles qu'on attribue à Aristote, il y en a huit qu'on a traînées dans les écoles pendant long-temps, comme plus importantes, et que pour cette raison on a transformées en vers barbares que nous n'avons pas besoin de citer; que M^rs. de Port-Royal non contents de rapporter ces règles et ces vers, y ajoutent de longues et fastidieuses recherches sur les figures et les modes du syllogisme, c'est-à-dire, sur toutes les manières possibles d'en combiner les termes dans chaque proposition, et d'arranger ces mêmes propositions dans chaque syllogisme....

2°. Qu'il est clair que le syllogisme ne roulant que sur trois idées, ne peut avoir que trois termes, sans compter le verbe, qui n'est jamais que le verbe substantif, puisqu'on en détache toujours l'attribut; mais que par ces termes, on entend les expressions qui y servent comme sujets ou comme attributs; d'où il arrive souvent qu'un seul terme est composé de plusieurs mots, et même de phrases incidentes, parce que souvent les termes ont à exprimer des idées plus ou moins complexes ou composées....

3°. Qu'il y auroit plus de trois termes, et par conséquent un vice radical dans le syllogisme, si le terme moyen étoit pris deux fois particulièrement, puisqu'alors il pourroit être appliqué à deux objets différents, ce qui suffit pour qu'il équivale lui seul à deux termes, et soit considéré comme tel....

4°. Qu'on auroit le même vice à reprocher au syllogisme, si les termes de la conclusion y étoient plus universels que dans les prémisses, parce qu'alors ils seroient applicables à des choses dont il n'auroit point été question dans la preuve; ce qui donneroit encore quatre termes en tout au lieu de trois....

5°. Que le terme moyen, qui n'entre jamais dans la conclusion, devant être pris universellement au moins une fois, il faut qu'il y ait dans les prémisses, un terme universel de plus que dans cette même conclusion....

6°. Que toutes les regles précédentes doivent s'entendre du syllogisme affirmatif, c'est-à-dire, du syllogisme dont la conclusion est affirmative; mais que si l'argument est négatif, il faut observer que la majeure ne peut plus y être particulière affirmative; que les deux prémisses ne peuvent pas y être négatives en même-temps, deux termes pouvant convenir entr'eux, quoiqu'ils ne conviennent ni l'un ni l'autre à tel troisième terme qu'on aura mal choisi; et que jamais on ne peut prouver une question négative par deux prémisses affirmatives....

7°. Que toutes ces regles se réduisent à ce principe si court, que la majeure doit comprendre la conclusion, et que la mineure doit montrer que celà est ainsi... Nous citerons pour exemple, le syllogisme qui suit.... Majeure.... « Nous devons placer au premier rang entre » toutes les vertus, la qualité morale qui est la » plus nécessaire parmi les hommes ». Mineure...

« Or la justice est la qualité morale la plus né» cessaire parmi les hommes ». Conclusion. . . .
« Donc nous devons placer la justice au premier
» rang entre toutes les vertus ».

PARAGRAPHE II.

Des Syllogismes composés.

(125°.) Les logiciens ont étendu leurs observations et leurs regles jusqu'à diverses sortes de syllogismes compliqués, auxquels ils ont donné le nom de *syllogismes composés*, parce qu'on y trouve des propositions conjonctives, c'est-à-dire, formées de plusieurs pensées liées ensemble par certaines conjonctions, et sur-tout par des conjonctions conditionnelles, disjonctives, et copulatives. Disons un mot de chacune de ces nouvelles formes de raisonnements ; en avertissant néanmoins que dans la recherche des défauts qu'ils peuvent avoir, on n'en examine pas le fond, parce qu'il est avoué que les prémisses doivent toujours en être intrinséquement vraies, indépendamment de la régularité de la forme dont on veut les revêtir. Nous ne les considérerons donc ici que relativement à cette forme et à l'emploi qu'on en fait.

Le syllogisme *conditionnel* est celui dont la majeure embrasse deux parties, la première qui énonce une condition, et la seconde qui se présente comme dépendant de cette condition. Exemple. . . Majeure. . . « Si la loi l'ordonne, » vous devez faire ce sacrifice ». . . Mineure. . . « Or la loi l'ordonne ». . . Conclusion. . . « Donc » vous devez faire ce sacrifice ».

On nous dit 1°. que les syllogismes *conditionnels* ne sont vicieux qu'autant que la conséquence ou la liaison de la conclusion avec les prémisses se trouve être fausse; 2°. que la partie première qui énonce une condition, ne peut être vraie que la seconde ne le soit aussi, lorsque la majeure est exacte au fond; comme la seconde alors ne peut être fausse, à moins que la première ne le soit également.

Le syllogisme *disjonctif* est celui dont la majeure est formée par une phrase disjonctive. Exemple... Majeure... « Il a des titres valables, » ou il est injuste »... Mineure... « Il n'a point » de titres valables »... Conclusion... « Donc il » est injuste ».

Le syllogisme ne péche ordinairement que par la fausseté de la majeure, où il arrive si souvent que la division n'est pas exacte. Lorsque l'on n'y trouve pas ce vice capital, et que l'une des parties est justement affirmée dans la mineure, il faut nécessairement que l'autre partie soit niée dans la conclusion; de même que si l'une est rejetée dans la seconde prémisse, l'autre doit être admise ensuite.

Le syllogisme *copulatif* est celui qui dans une majeure toujours négative, offre deux parties liées ensemble par une conjonction copulative, pour ensuite en affirmer une dans la mineure, et nier l'autre dans la conclusion. Exemple... « Nul » ne peut être homme d'ordre et négligent »... Mineure.... « Or votre ami est négligent ».... Conclusion.... « Donc votre ami ne peut être » homme d'ordre ».

Ce qu'il y a ici de remarquable, c'est qu'on auroit tort d'affirmer l'une des deux parties dans la conclusion, si on avoit nié l'autre dans la mineure : ce seroit mal raisonner que de dire... « Votre ami n'est pas homme d'ordre : donc il » est négligent » : car on peut être soigneux et actif même jusque dans les minuties, sans avoir ce qu'on appelle *l'esprit d'ordre.*

Ce que les arguments *conjonctifs* ont de commun, c'est que dans tous, le terme moyen est comparé avec les deux autres termes en une même proposition, et toujours à l'aide de quelque conjonction. Tous peuvent de plus, au moyen de la conversion, ou de la décomposition des phrases, se transformer, quand on le veut, en syllogismes simples.

Avant de finir ce paragraphe, nous dirons encore que l'on cite quelquefois deux autres sortes de syllogismes, l'un qu'on appelle *conjonctif conditionnel*, et l'autre auquel on a donné le nom de *prosyllogisme*, ce qui distingue le premier, dont on fait fréquemment usage dans le discours ordinaire, c'est que la conclusion elle-même est conditionelle ; comme dans .... « Si l'on se borne » à étudier la théorie de tout ce qui a un but » pratique pour objet, on n'en acquiert point » une connaissance suffisante : or nous avons » plusieurs sciences qui ont un but pratique pour » objet : donc nous avons plusieurs sciences dont » on n'acquiert point une connoissance suffi- » sante, si l'on se borne à en étudier la théorie. »

Le prosyllogisme est un argument composé de cinq propositions tellement combinées, que 1°. les trois premières forment un syllogisme ordinaire ; et que 2°. la conclusion de ce premier syllogisme, devient la première proposition d'un second syllogisme, qui ne fait ainsi qu'un seul raisonnement avec le premier. Exemple ... « Tout être animé » qui agit contre sa propre nature, fait une chose » monstrueuse : or l'homme qui ne fait point usage » de sa raison, est un être animé qui agit contre » sa propre nature : donc l'homme qui ne fait » point usage de sa raison, fait une chose mons-

» trueuse; mais l'homme qui fait une chose mons-
» trueuse, est également coupable et malheureux :
» donc l'homme qui ne fait point usage de sa
» raison, est également coupable et malheureux ».

PARAGRAPHE III.

Des sortes d'arguments autres que le syllogisme.

(126°.) Les arguments que l'on cite dans les écoles, à la suite du syllogisme, sont l'*enthymême*, le *sorite* (qui comprend la *gradation*, le *dilemme* et l'*épichérême*) et enfin l'*induction*.

L'*enthymême* est un syllogisme tronqué, un syllogisme dans lequel on supprime une des deux prémisses, et toujours celle qu'il est plus facile de suppléer, ou qui est la moins douteuse. C'est ainsi que Cicéron pouvoit dire . . . . « *Servare » potui : ergo perdere possum* ». Au lieu de dire... « *an perdere passim rogas* »? C'est ainsi encore qu'on dit tous les jours . . . . « Il n'est pas d'action » plus belle : donc il n'en est pas qu'on doive » mieux récompenser ».

Le *sorite*, que Cicéron et quelques autres anciens philosophes rangent dans la classe des *sophismes*, est un argument qui a pour prémisses, plus de deux propositions, toutes nécessaires pour arriver à la conclusion, à laquelle elles nous conduisent comme par échelons successifs. On en compte trois classes, ainsi qu'on l'a déjà dit, et que nous allons le voir . . . .

1°. La *gradation*, sorte de *sorite*, où l'attribut de la première proposition devient le sujet de la seconde, l'attribut de la seconde le sujet de la troisième, et ainsi de suite, jusqu'à la conclusion, qui se forme du sujet de la première de toutes ces prémisses, et de l'attribut de la dernière. On cite ordinairement pour exemple, le sophisme qui suit.... « La république d'Athènes commande à » toute la Grèce : je commande à la république » d'Athènes : ma femme me commande : mon en- » fant encore au berceau commande à ma femme : » donc mon enfant encore au berceau commande » à toute la Grèce ».

Le *dilemme*, autre espece de *sorite*, est un argument où, après avoir divisé un tout en ses parties, on reprend successivement toutes ces parties pour prouver de chacune en particulier, ce qu'ensuite on veut affirmer du tout lui-même dans la conclusion. Un rhéteur Grec étoit convenu avec un de ses éleves, que si celui-ci gagnoit la première cause qu'il auroit à plaider, il lui payeroit telle somme pour prix de ses leçons : l'éleve paroissant ensuite peu disposé à se charger de causes litigieuses, le rhéteur le fit citer devant les juges pour en être payé, et lui fit le dilemme qui suit... « Vous gagnerez votre procès ou vous le perdrez : » si vous le gagnez, vous me payerez en vertu de » notre convention : si vous le perdez, vous me » payerez en vertu de la sentence des juges ». La validité de cet argument dépend sur-tout de deux points ; l'un, que la division du tout en ses parties soit exacte et complete ; et l'autre, que les conclusions relatives aux parties séparées soient toutes des conclusions nécessaires. Du reste, on sait combien le *dilemme* expose à l'inconvénient de la rétorsion, et combien une bonne rétorsion affoiblit même la meilleure preuve. L'éleve dont on a parlé ci-dessus, répondit à son maître... « Je » gagnerai mon procès ou je le perdrai : si je le » gagne, je ne vous payerai point en vertu de la » sentence des juges : si je le perds, je ne vous » payerai point en vertu de notre convention ».

L'*épichéreme*, que l'on appelle quelquefois *ar-*

gument à cinq parties, et que l'on compte encore au nombre des *sorites*, est un syllogisme, dans lequel chaque prémisse est accompagnée de sa preuve, avant qu'on en vienne à la conclusion. Exemple .... « Les vertus sont préférables aux » talents : car les vertus contribuent toujours et » directement à notre véritable bonheur et au bien » général ; tandis que les talents sont quelquefois » nuisibles à la société, et même à ceux qui les » possedent : or le pardon des injures est une » vertu, et l'art de se venger sans se compromettre » n'est qu'un talent : en effet, si c'est la force de » l'ame et l'empire sur soi-même, qui caractérise » la vertu, quelle disposition habituelle et mo- » rale exige plus évidemment cet empire et cette » force que le pardon des injures ; et si le talent » consiste dans une adresse et une industrie par- » ticulière, comment ne pas voir un véritable » talent dans l'art de se venger sans se compro- » mettre ? Donc le pardon des injures est préfé- » rable à l'art de se venger sans se compro- » mettre ».

L'*induction* est le seul argument que Bacon approuve : mais si nous en croyons cet auteur, personne n'a encore su le bien employer, quoique Platon se soit particulièrement attaché à en faire usage. L'*induction* consiste ou bien 1°. à nous donner un dénombrement exact de toutes les parties d'un tout, et à développer, circonscrire, et caractériser toutes ces parties en détail, en les reprenant l'une après l'autre, pour en tirer ensuite une notion ou conclusion générale ; ou bien 2°. à recueillir tous les faits particuliers qui appartiennent à une même proposition, ou pensée, ou maxime, pour en conclure la vérité et la certitude de cette maxime ou pensée. Mais, dit l'auteur que nous venons de citer, il ne faut point s'arrêter ici à ces simples énumérations, qui ne sont au fonds qu'un travail puéril, et sur lesquelles on ne peut jamais établir que des conséquences hazardées. Il faut s'élever jusqu'à cette *induction* si utile dans l'étude des sciences et des arts, lorsqu'il s'agit de preuves ou de découvertes ; jusqu'à cette *induction* qui développant nos expériences, dégage la nature de ce qui lui est étranger, en écarte, en exclut successivement tout ce qui n'est pas elle, et sait ainsi nous conduire à des conséquences aussi certaines que lumineuses...

On voit que cette *induction* si fortement recommandée par Bacon, qui néanmoins n'entre dans aucun autre détail, et ne nous en indique aucun modèle, ne paroît pas être autre chose que l'*analyse* si heureusement pratiquée par Condillac. On voit de plus, que le bon emploi de cette *analyse* ou *induction* provient bien plus du génie, du talent, et des lumières de celui qui veut y recourir, que de la forme qu'on peut y donner : aussi seroit-il difficile de trouver dans les logiques même les plus estimées, quelques regles dignes d'être recueillies sur cette forme d'argument : mais au défaut de régles scholastiques sur cet objet, les écrits de quelques-uns de nos philosophes modernes, et surtout ceux du même Condillac dont nous venons de parler, nous offrent une foule de modèles plus précieux les uns que les autres. C'est aussi par l'induction dont il s'agit ici, que les géometres développent et discutent toutes les conditions des problêmes qu'ils entreprennent de résoudre.

PARAGRAPHE IV.

Des Sophismes.

(127°.) On ne traite jamais des arguments admis par les philosophes, sans consacrer un article particulier à ce qu'on appelle *sophismes*, c'est-à-dire, aux *arguments* ou *raisonnements faux*, ou propres à nous égarer. Les préjugés, les fausses apparences, l'intérêt, les passions, l'amour-propre, la précipitation, la nonchalence de l'esprit, la présomption, tous les défauts de caractere où nous nous laissons aller, nous font trop souvent admettre des raisonnements vicieux, qu'il seroit bien difficile de ranger dans un ordre régulier, complet, et méthodique. Mais outre tous les sophismes qui nous viennent de ces sources trop fécondes, on en compte jusqu'à douze especes qui peuvent provenir des défauts de l'esprit.

Le premier *sophisme*, que l'on nous cite, est celui où l'on prouve autre chose que ce qu'il faut prouver : on l'a appellé *ignorance du point de la difficulté; ignoratio Elenchi.* Combien n'avons-nous pas de systêmes, au soutien desquels on a consacré des volumes entiers, qui ne roulent que sur cette sorte de sophisme ? Peu importe au reste, si les auteurs ont réellement ignoré ou méconnu de bonne foi, le véritable point de la difficulté; ou bien s'ils ont seulement cherché à le cacher aux yeux de leurs lecteurs.

Le second *sophisme* est celui, où l'on pose en principe la chose même qu'il importe au fond de prouver. C'est ce qu'on appelle *pétition de principe*, sorte de raisonnement faux, auquel on peut encore rapporter le *cercle vicieux*, c'est-à-dire, celui où l'on prouve de premières propositions par une série d'autres propositions, qui à leur tour ne sont prouvées que par les premières : ce sophisme est presque toujours combiné avec le précédent.

Le troisième est celui où l'on attribue une chose à ce qui ne l'a point produite : on lui donne le nom de *non causa pro causâ*. Souvent encore ce sophisme coïncide avec le second, et même avec le premier.

Nous placerons au quatrième rang, le *sophisme* où l'on confond le sens divisé avec le sens composé, et où l'on passe mal à propos de l'un à l'autre.

Nous indiquerons pour cinquième *sophisme*, celui où l'on juge de la nature des choses, d'après de simples accidents que l'on nous présente comme des qualités essentielles : on lui a donné le nom de *fallacia accidentis*.

En sixième lieu, nous citerons celui où l'on affirme comme vrai absolu ou général, ce qui n'est vrai qu'à certains égards. On conçoit qu'il peut facilement se confondre avec le cinquième, et même avec les premiers.

On en dira à-peu-près autant du septième, qui consiste à conclure, à la faveur des mots, autre chose que ce qu'on a prouvé : il tient uniquement à l'ambiguité des termes.

Le huitième y touche aussi de fort près : car on y passe du sens collectif au sens distributif, ou du sens distributif au sens collectif.

Le neuvième est celui où l'on passe du pouvoir à l'acte : c'est une branche du troisième.

Le dixième consiste à établir comme chose connue, ce qui est ignoré : ce n'est souvent que le second, mais en d'autres termes.

Le onzième et le douzième rentrent encore

souvent l'un dans l'autre : dans celui-là, on fait un dénombrement incomplet ou imparfait pour prouver une chose générale ou totale : dans celui-ci on a recours à une induction défectueuse, pour déduire une conséquence générale de quelques cas particuliers seulement.

On voit que ces douze especes de sophismes, si on les évalue bien, se réduisent à cinq ou six au plus. Mais comme nous aurons encore à y revenir dans le chapitre suivant, nous ne nous y arrêterons pas davantage ici.

CHAPITRE III.

De la Méthode.

(128°.) CE nom *méthode* nous vient du latin *methodus,* substantif qui lui-même est dérivé du grec *methodos*, où les étymologistes distinguent deux racines, savoir, *meta*, préposition qui indique pour l'ordinaire le terme où aboutit l'objet que le reste concerne, et *odos,* que l'on traduit par *route*, *chemin,* et quelquefois *adresse*, *art,* et même *piège.* C'est d'après ces significations radicales, que l'on a employé le mot de *méthode*, pour exprimer tout ce qui concerne la *route* propre à nous conduire plus sûrement, plus facilement, et plus promptement au but que nous nous proposons dans les arts et dans les sciences : la méthode est de cette sorte, la route qu'il est plus à propos de se tracer, relativement aux arts ou aux sciences dont on veut s'instruire, ou dont on veut instruire les autres : selon la définition qu'on en donne le plus ordinairement, c'est l'art de disposer nos idées et nos raisonnements de la manière la plus convenable, soit pour découvrir la vérité, et s'en bien assurer, soit pour la faire connoître aux autres et les en convaincre.

Nous ajouterons que l'on a donné le nom de *méthodistes* à ceux qui s'astreignent à suivre avec une sorte d'affectation ou de fanatisme, les regles et les procédés que l'on nous a prescrits, dans les méthodes établies et reçues pour certains arts et certaines sciences; et qu'autrefois on a appellé METHODICE (METHODICES) la partie de la Grammaire qui traite de l'art de parler, c'est-à-dire, de la syntaxe.

Quintilien est le premier auteur latin qui ait fait usage de ce mot : Cicéron, pour exprimer la même idée, s'est constamment servi des mots VIA, ARS, RATIO, *route*, *art*, *moyen* : cette dernière expression est celle que le P. Jouvency a préférée dans son excellent traité de *Ratione discendi et docendi.* Descartes est, parmi les philosophes modernes, celui qui le premier a traité à part de cette partie de la logique, et qui plus qu'aucun autre auteur, nous en a fait sentir l'importance; (voyez son traité si célebre DE METHODO.) Bacon nous a laissé sur le même sujet, des observations ou pensées infiniment précieuses, mais qui ont l'inconvénient d'être éparses dans ses écrits. Tous les auteurs de logique qui ont paru depuis ces deux grands hommes, se sont accordés à nous présenter la *méthode* comme une des principales parties de l'art de penser et de raisonner; et enfin la plupart des écrits didactiques et métaphysiques que Condillac nous a laissés, sont, quoique sous diverses dénominations, autant de traités sur les principales branches ou applications particulières de l'art de la *méthode*.

Ce chapitre nous offre six questions, qui seront le sujet d'autant de paragraphes. Dans le premier, nous verrons comment et en combien de branches on divise l*a méthode* : dans le second, nous examinerons quels peuvent être les moyens généraux de parvenir à la vérité : dans le troisième, nous indiquerons les principaux obstacles qui nous en écartent le plus ordinairement : dans le quatrième nous rechercherons quelles sont les précautions à prendre pour échapper à ces obstacles ; dans le cinquième nous verrons qu'elle a été jusqu'ici la doctrine reçue sur cet objet ; et dans le sixième enfin, nous chercherons à tracer un précis de celle de Condillac en particulier.

PARAGRAPHE PREMIER.

Comment divise-t-on la Méthode?

129°. On a vu sous le numéro précédent, que la *méthode*, en ce qui concerne les sciences et les arts, embrasse deux objets, l'un, les moyens de découvrir la vérité pour soi-même, et de s'en assurer ; et l'autre, les moyens de faire connoître la vérité à ceux qu'on veut en instruire, et de les en convaincre. Si l'on en croit quelques auteurs, c'est en conséquence de ce double but, qu'on a divisé la *méthode* en deux parties ou branches principales, ou plutôt en deux *méthodes* différentes, l'une *analytique*, ou de décomposition, de résolution, d'invention ; et la seconde *synthétique*, ou de composition, de rassemblement, de doctrine. Nous verrons bientôt combien cette division est indépendante de la cause que ces auteurs lui assignent.

Dans l'*analyse*, dit Cochet, on part des idées les plus complexes, c'est-à-dire, des idées individuelles, ou de celles qui en approchent le plus : on les développe à l'aide des définitions et des divisions ; ensuite on emploie pour le raisonnement, l'induction et même les suppositions, s'il en est besoin ; le tout pour remonter par dégrés, aux idées les plus simples ou incomplexes, c'est-à-dire, aux idées les plus générales. Dans la *synthèse* au contraire, on part des idées simples ou générales, pour arriver de dégrés en dégrés aux idées plus complexes ou plus individuelles. Ce double procédé, ajoute cet auteur, est une imitation de ceux du généalogiste, qui tantôt commence ses tableaux, par l'individu qui est issu le dernier, de la famille dont on donne la généalogie, et remonte successivement jusqu'au premier auteur connu de cette même famille ; et tantôt commence par celui-ci, pour descendre de génération en génération jusqu'à celui-là.

Si l'on nous demande quelles sont les regles que les logiciens nous prescrivent sur ces deux sortes de *méthodes*, nous citerons celles que Descartes nous a données pour l'*analyse*, et ensuite celles que MM. de Port-Royal nous offrent pour la *synthèse*.

Descartes nous donne pour l'*analyse*, quatre regles, que ses successeurs ont recueillies avec soin, et qui par là même méritent d'autant plus notre attention . . . .

La première de ces quatre regles est de ne recevoir pour vrai ou certain, que ce que l'on voit évidemment être tel. Observons que cette regle appartient également et autant à la *synthèse* qu'à l'*analyse*.

La seconde regle est de diviser les difficultés, autant qu'il le faut pour en obtenir plus facilement ou plus sûrement la solution. N'oublions pas ici qu'en divisant les difficultés, que renferme la question qu'il s'agit de résoudre, il importe également de n'omettre aucune des conditions attachées

attachées à cette même question ; de n'y en ajouter aucune qui y soit étrangère ou superflue; de rejeter soigneusement et d'abord celles mêmes qui s'y trouvent insérées, dès que l'on voit évidemment d'ailleurs, qu'elles y sont inutiles et propres à embarrasser l'esprit; de bien distinguer dans toutes ces recherches, ce qu'il y a d'inconnu et ce qui est déjà connu, afin de mieux appercevoir et saisir les vérités, par où l'on peut parvenir à la connoissance de ce que l'on cherche ; de s'appliquer à se rendre successivement familières toutes les conditions que la question embrasse ou suppose, afin de voir plus clairement la liaison des vérités encore inconnues, avec celles que l'on connoît déjà; et enfin de retrancher peu-à-peu, et l'une après l'autre, les conditions que l'on est parvenu à évaluer, et que l'on a transformées en d'autres termes, afin de rendre la solution de la question aussi simple et aussi claire qu'évidente. Toutes ces précautions si rigoureusement nécessaires dans les recherches mathématiques, ne sont pas moins utiles dans l'étude des autres sciences : mais il faut convenir que le jugement et l'adresse de l'esprit nous les indiquent bien mieux, que les regles de l'art.

La troisième regle est de monter du simple au composé, et de suivre l'ordre le plus naturel. Cette regle ne concerne réellement que la *synthèse*, et réunit d'ailleurs deux choses, qui quelquefois ont peu de rapport entr'elles, savoir, de passer du connu à l'inconnu, et de suivre l'ordre le plus naturel. On peut manquer à l'une et être très-fidele à l'autre.

La quatrième regle enfin est de faire avec soin et par-tout des dénombrements entiers. Nous verrons bientôt qu'il y a d'autres regles encore à joindre à celles-là.

MM. de Port-Royal nous ont indiqué sur la *synthèse*, trois regles qu'ils ont appellées *regles de composition et méthode des géometres.* La première est de n'admettre ou souffrir aucune ambiguité dans les termes dont on se sert ; la seconde de ne fonder ses raisonnements, que sur des principes clairs et évidents ; et la troisième de prouver démonstrativement toutes les conséquences ou propositions qu'on avance, à moins que celles-ci ne soient des axiomes. Il nous semble que l'on pourroit également appliquer ces regles à l'analyse. Mais les auteurs de Port-Royal en prennent occasion de faire plusieurs reproches graves aux géometres, et particulièrement à Euclide : ils les accusent sur-tout 1°. de prouver quelquefois ce qui n'a pas besoin de preuve ; 2°. de se contenter trop souvent de la démonstration par impossible ; c'est-à-dire, de se borner à démontrer qu'il seroit absurde de supposer la chose autre qu'on ne le prétend ; sorte de preuve qui ne nous donne aucune notion directe de la nature des objets, et qui au contraire fixe notre attention sur ce que ces objets ne sont pas ; 3°. de prouver sans nécessité, par des raisons tirées de choses trop éloignées ; *méthode* qui embarrasse l'esprit, et a souvent le même inconvénient que la preuve par impossible ; 4°. de s'occuper ainsi bien moins du soin d'éclairer, que du soin de convaincre ; 5°. de s'écarter fréquemment du véritable ordre de la nature ; et 6°. de ne pas assez employer le procédé des divisions ou partitions.

On sait combien les idées abstraites sont indispensables dans tout ce qui tient aux sciences ou recherches générales : dans l'*analyse* et la *synthèse* en particulier, on ne peut obtenir aucun succès sans leur secours : là, elles sont le résultat de nos opérations : ici, elles sont le point de départ. On ne peut raisonner juste, dit Locke, si on ne les emploie pas : il est donc bien nécessaire d'apprendre à en former, et de se les rendre familières : mais il faut que toujours elles soient nettes, distinctes, bien déterminées, et consonantes entr'elles : rien n'est plus à craindre que d'adopter des idées abstraites qui renferment ou cachent quelque contradiction ; sorte de vice qui se glisse plus aisément dans les définitions et les divisions, que par-tout ailleurs.

Un autre écueil non moins difficile à éviter, soit dans l'*analyse*, soit dans la *synthèse*, ce sont les redites. Celui qui décompose une suite d'idées complexes, se voit comme forcé à chaque développement, de recourir aux mêmes procédés ; c'est par-tout la même opération, et par conséquent les mêmes moyens, la même allure, les mêmes idées, et les mêmes termes : celui qui cherche à réunir successivement plusieurs séries d'idées simples à des idées centrales, n'est pas moins exposé au même danger. Aussi peut-on dire que rien n'est plus beau, plus difficile, plus important, et plus rare que de savoir y échapper.

PARAGRAPHE II.

Des moyens généraux de parvenir à la vérité.

(130°.) Nous avons déjà traité ce sujet au chapitre quatrième de notre première partie, (voyez n°. 38°.). Mais nous nous sommes bornés alors à faire connoître les moyens particuliers, la *définition*, la *description*, et la *division*. En ce moment, nous avons à nous occuper de moyens généraux qui tiennent moins aux procédés que nous choisissons, qu'à nos qualités propres ou dispositions habituelles.

Le premier moyen général que nous ayons à recommander, pour parvenir à la connoissance de la vérité, c'est de la rechercher avec un zéle constant et sincere, et par conséquent de nous livrer avec ardeur, à l'étude des choses dont nous avons à nous instruire ; et de donner tant aux principes qu'aux détails, une attention sérieuse et soutenue, en nous rappellant sans cesse, ce mot si vraie de Bacon, qu'en général il faut moins donner des aîles que du plomb à l'esprit de l'homme (1).

Le second moyen général qu'il est important de ne pas perdre de vue, est de bien distinguer ce qui est à notre portée, de ce qui ne peut nous offrir que de vaines conjectures ; de ne s'attacher qu'à ce qui présente un intérêt plus cher et plus sensible, en se rappellant toujours le mot adopté comme maxime, que, « c'est une grande » sagesse que de savoir ignorer certaines choses »; (2) de se défendre en même temps, de toute espece d'humeur, de précipitation, d'impatience, de passion, ou de préjugé ; en un mot, d'être toujours maître de soi-même, et de se maintenir dans une véritable impartialité.

Le troisième moyen est de mettre de l'ordre dans son travail, et de ne point amonceler inconsidérément les idées que l'on a, et les connoissances que l'on croit avoir, sans se donner le temps de les méditer, vérifier, confronter, et arranger entr'elles.

---

(1) *Hominum intellectui non plumæ addendæ, sed potiùs plumbum et pondera.*

(2) *Nescire quædam magna pars est sapientiæ.*

PARAGRAPHE III.

Des obstacles qui s'opposent le plus à la découverte de la vérité.

(131°.) Les obstacles que l'on a le plus à redouter dans la recherche de la vérité, sont...

1°. Les notions obscures, vagues, et confuses, qui n'ont souvent leur source que dans les mots, mais qui ne nous font pas moins prendre des idées relatives pour des idées absolues, des idées abstraites pour des idées d'objets réels, des idées distinctes à certains égards seulement, pour des idées entièrement claires, et des idées que notre esprit rapproche, n'importe à quel titre, pour des idées réellement complexes.

2°. L'illusion des sophismes, le prestige des sens, la subtilité des faux raisonnements, l'empire des préjugés, l'autorité des opinions établies, nos habitudes, les exemples des autres hommes, et sur-tout de nos parents, de nos amis, de nos supérieurs, et des hommes célebres.

3°. Notre organisation particulière, plus ou moins forte ou débile; notre tempérament personnel, soit paresse, soit impatience, ou vivacité; notre caractere propre, comme la vanité, la présomption, la légereté de l'esprit, la prévention, ou l'engouement; certains défauts de l'esprit, tels que l'excès de l'imagination, la crédulité, l'enthousiasme pour la nouveauté; nos passions, et en particulier la haine; le prix qu'on attache à certains avantages extérieurs; et enfin la nécessité où l'on est souvent de choisir entre de simples opinions.

Bacon, que l'on ne peut pas citer trop souvent, réduit tous les obstacles semblables à quatre chefs principaux qu'il appelle fantômes, (*idola*). « Toutes nos perceptions, dit-il, tant celles qui » nous viennent des sens, que celles que se forge » notre ame, ne sont fondées que sur l'analogie » qui se rapporte à l'homme. L'entendement » humain est comme un miroir inégalement » offert aux rayons des objets : il mêle sa nature » avec la nature des choses ; et par-là il altere et » gâte celle-ci ». (1)

C'est pour nous engager plus fortement à nous prémunir contre tous ces obstacles généraux et trop puissants, que Platon prétendoit que le premier travail auquel la logique doive nous amener, est de purger notre ame, c'est-à-dire, de la fortifier contre ses propres foiblesses, autant que notre nature et la nature des choses peuvent nous le permettre.

PARAGRAPHE IV.

Des précautions à prendre contre tous ces obstacles.

(132°.) Les précautions dont il peut être ici question, se réduisent en grande partie, aux regles que nous avons déjà citées (Voyez n°. 129°.) et aux moyens indiqués ci-dessus de parvenir à la vérité. Cependant nous pensons devoir revenir sur les mêmes objets, parce qu'ils nous offrent quelques nouveaux développements utiles à connoître, et parce que nous y trouverons occasion d'y ajouter les nouvelles regles que quelques

(1) *Omnes perceptiones tam sensûs quam mentis, sunt ex analogiâ hominis, non ex analogiâ universi ; est que intellectus humanus instar speculi inæqualis ad radios rerum, qui suam naturam naturæ rerum immiscet, eamque distorquet et inficit.*

auteurs nous ont données, et que nous avons précédemment annoncées.

1°. Si l'on nous dit de nous attacher à l'ordre le plus simple, c'est qu'en général cet ordre est celui qui facilite, accélere et assure le plus nos progrès ; pourvu qu'on y retrouve l'imitation fidele de l'ordre de la nature : car, ainsi que l'observe Bacon, on ne se rend maître de la nature qu'en lui obéissant. (1)

2°. Lorsqu'on recommande de commencer toujours par bien poser l'état de la question, on ne doit point oublier d'observer que toutes nos questions sont, ou des *questions de mots*, qui n'exigent gueres que des définitions exactes ; ou des *questions de choses* dans lesquelles on cherche à découvrir les causes par les effets, ou les effets par les causes ; le tout par ses parties, ou les parties que l'on ne connoît pas, d'après la juste idée soit du tout, soit de celles des parties que l'on connoît déjà.

3°. En se rappellant ce que nous avons dit de l'importance des divisions exactes et des dénombrements complets, on doit y ajouter que néanmoins il est très-dangereux de pousser les divisions et sous-divisions au-delà du terme où elles cessent d'être utiles : car, dit encore Bacon, tout se brouille et se confond, lorsqu'on divise jusqu'à réduire les objets en poussière. (2) Locke ajoute que trop de partitions nuit par surcharge, embarras, ou confusion. De tout temps, on a dit, que ce qui est inutile est nuisible.

4°. Il y a peu de précision à nous dire qu'il faut aller de ce qu'il y a de plus aisé à ce qu il y a de plus difficile, du simple au composé, et du

(1) *Neque natura aliter quam parendo vincitur.*

(2) *Confusum est quidquid in pulverem sectum est.*

connu à l'inconnu ; comme si ces trois expressions signifioient une seule et même chose. En effet, si l'on va du simple au composé, marche qui n'est que synthétique, puisqu'alors on part des idées générales, pour arriver à d'autres idées plus complexes ; il n'est pas toujours vrai que l'on commence par ce qu'il y a de plus connu ou de plus facile. Il arrive souvent que l'on discute des matières où l'on a déjà plus ou moins d'idées acquises, qui considérées en elles-mêmes, ne soient ni les plus simples ni les plus faciles à saisir. Mille circonstances toujours très-variables, jetent nécessairement cette diversité dans les différentes positions où nous nous trouvons. Il n'est peut-être pas deux hommes chez qui les idées les mieux connues soient les mêmes, ou chez qui ces mêmes idées soient celles qui de leur nature doivent être rangées parmi les plus faciles ou les plus simples. Est-il d'ailleurs impossible que l'on ait à enseigner des choses où tout soit encore inconnu à ceux que l'on doit en instruire ? Mais de quoi s'agit-il en cette matière ? N'est-ce pas de prendre le meilleur moyen, le plus sûr, et le plus prompt de découvrir la vérité pour soi-même, et de la faire connoître aux autres ? Eh bien, si l'on ne perd pas de vue ce principe essentiel, on ne sera point embarrassé de savoir, en examinant bien ce qui convient aux personnes, aux choses, et aux circonstances, s'il est plus à-propos de s'appuyer d'abord sur ce qu'il y a de connu, ou de plus simple, ou de plus facile.

5°. Pour nous faire mieux sentir combien il importe de n'omettre dans la suite de nos raisonnements, aucune idée, aucun chaînon intermédiaire, à moins que nous ne soyons assurés par l'évidence même des choses, que cette omission ne formera point un vide dans les esprits ;

il sera bon d'ajouter, que si des expressions vagues ou équivoques, si des tournures gauches et mal-adroites, répandent tant de confusion, d'obscurité, et d'incertitude dans l'énoncé de nos conceptions; la négligence à recueillir et à suivre par ordre, les idées qui enchaînent ces mêmes conceptions les unes avec les autres, ne contribue pas moins à jeter dans l'erreur et l'embarras, ceux qui nous lisent ou nous entendent, et même quelquefois à nous rendre inintelligibles à leurs yeux.

6°. L'importance de la regle qu'il ne faut rien admettre ou affirmer qui ne soit clair et certain, est ce qui a fait imaginer à Descartes la précaution qu'il nous recommande si fortement, d'employer d'abord et par-tout, le *doute méthodique;* c'est-à-dire, de commencer toujours par supposer qu'on n'a encore que des raisons de douter des choses mêmes, que l'on regarde comme plus certainement vraies; et celà afin de les examiner avec plus d'attention, et d'en découvrir plus sûrement les véritables preuves. Pour suivre plus utilement cette loi du *doute méthodique*, et en général la regle qui y a donné lieu, on ne peut trop s'astreindre à ne jamais passer d'une pensée ou d'une partie à celle qui suit, qu'on ne l'ait bien comprise, et qu'on ne la connoisse parfaitement : rien ne contribue si efficacement que cette dernière mesure, à rendre nos progrès prompts, solides, et faciles. Ceux qui veulent aller trop vîte, sont presque toujours ceux qui vont le plus mal, et même souvent ceux qui arrivent le plus tard. La véritable ardeur, le vrai zele consiste à nous faire aller long-temps et du pas le plus convenable. Condillac observe qu'il n'y a point d'instruction à donner à ceux qui ne suivent point cette marche : car, dit-il, ils semblent ne jamais savoir où ils sont, et même ne vouloir pas l'apprendre. On conçoit au reste, que tous n'ont pas besoin de consacrer le même espace de temps à la sorte de méditation dont nous parlons ici ; et l'on sait que si l'évidence est toujours la même pour ceux qui sont parvenus à la bien saisir, il est pourtant vrai que les uns la saisissent plus promptement que les autres. Clitomaque, pour mieux appuyer toutes ces considérations, ajoute que la précipitation et la légereté d'esprit causent, aussi bien que la crédulité, tant de maux au genre humain, que l'on peut justement les comparer à des bêtes féroces et cruelles.

7°. Pour s'assurer que l'on n'a d'autre mobile que l'amour de la vérité, on doit se faire un devoir sacré de la chérir pour elle-même, et non à cause qui nous l'ont transmise, ou qu'elle intéresse : il doit nous suffire que ce soit elle, pour que nous soyons disposés à l'accueillir, de quelque part qu'elle nous vienne. Nous dirons avec Bacon, à ceux qui se laissent trop facilement entraîner aux opinions d'autrui, et plus encore à ceux qui le font par esprit de parti, par complaisance, par quelque intérêt que ce puisse être ; à ceux qui le font par bassesse d'ame, plus encore que par foiblesse de caractère ou d'esprit, ... « Que » lorsqu'on se fait *homme d'autrui*, et que semblable à ces chevaliers Romains, qui n'étoient » reçu au sénat que sous la condition de n'y » point opiner par eux-mêmes, on épouse en » quelque sorte les idées et les sentiments de » celui à qui on s'est comme voué ; on cesse » dès-lors de pouvoir être utile aux sciences ; » on ne peut plus que servir au cortege de ceux » que l'on suit, et y remplir, selon les circons» tances, les offices même les plus serviles : car

» il ne nous est pas donné de tant admirer des » auteurs, et de les surpasser » (1).

Le même auteur, pour nous inspirer un attachement plus grand encore à tous les préceptes qu'on nous donne, a soin de nous rappeller que souvent nos sens nous abandonnent, lorsque nous avons besoin de leur témoignage, ou ne nous offrent que des dépositions fausses; que nos observations se font rarement avec tout le soin requis; qu'elles sont peu d'accord entr'elles, et que même nous ne les devons pour l'ordinaire qu'au hazard; que pour la connoissance des choses passées ou éloignées, la tradition n'est guères qu'une vaine rumeur; que ceux qui sont habituellement occupés de la pratique des choses, ne savent être que servilement appliqués à leur travail; que nos expériences ne nous fournissent qu'une autorité fondée quelquefois sur des opérations aveugles, faites peut-être sans réflexion, et même sans intelligence, avec trop de précipitation, et comme au hazard; et qu'enfin notre histoire naturelle elle-même est pauvre et superficielle; d'où il conclut que ces différentes sources de nos connoissances n'ont pu nous fournir jusqu'ici, pour l'accroissement des sciences et de la philosophie, que des matériaux très-défectueux. (2) Si ce passage paroît exagéré dans les jugements qu'il renferme,

---

(1) *Postquam homines dedititii facti sunt, et in unius sententiam, tanquam pedarii senatores, coïerunt; scientiis ipsis amplitudinem non addunt; sed in certis autoribus ornandis et stipandis servili officio funguntur. Vix enim datur authores simul admirari et superare.*

(2) *Sensûs informatio et deserens et fallens; observatio indiligens, inæqualis, et tanquam fortuita; traditio vana et ex rumore; practica operi intenta et servilis; vis experimentalis cœca, stupida, vaga, et prœrupta; denique historia naturalis levis et inops; vitiosissimam materiam intellectui ad philosophiam et scientias congesserunt.*

il faut se souvenir qu'il ne tend qu'à nous rendre plus réservés, plus circonspects, et plus attentifs dans le choix de nos opinions, et de la méthode que nous emploierons pour les vérifier.

PARAGRAPHE V.

De la doctrine ci-devant reçue sur la Méthode.

(133°.) On n'a jamais pu former aucun doute sur la nécessité et l'importance de la *méthode*, quel que soit l'objet dont on s'occupe, et lorsqu'on a des recherches à faire ou des instructions à donner... « Le boiteux qui suit la bonne route, dit Bacon, » devance le coureur même le plus habile qui va » sans direction ». (1) Tout le monde sent que l'ordre est la seule bonne manière de lier les parties d'un ouvrage.... « On ne sauroit y suppléer par aucun autre moyen, dit Condillac ».

Mais s'il est évidemment nécessaire, pour s'assurer d'obtenir des succès desirables, d'avoir une *méthode* et de ne pas s'en écarter; il n'est pas moins essentiel d'en choisir une qui soit aussi parfaite qu'il est possible. C'est le choix des *méthodes* qui fournit et caractérise les théories, lesquelles, selon Fergusson, naissent de l'observation et de l'imitation des lois physiques, et consistent à rapporter les opérations aux principes, et les effets aux causes.

Toute *méthode*, pour être bonne, doit être aussi courte à indiquer, que le permet la nature des choses, c'est-à-dire qu'elle doit avoir besoin de peu de paroles pour être suffisamment connue, et que dans l'application ou l'emploi qu'on en fait, elle doit nous conduire au but que nous nous proposons, par le chemin le plus droit et le

---

(1) « *Claudus in via antevertit cursorem extra viam* ».

plus abrégé ; pourvu néanmoins que, même sous le prétexte de la brièveté, on ne s'arrête pas à une *méthode* compliquée, obscure, embarrassante, ou incertaine, c'est-à-dire, qui manque d'être tout-à-la-fois simple, facile, naturelle, nette et sûre.

Des logiciens bien intentionnés ont cru devoir ajouter aux regles que nous avons citées jusqu'ici, plusieurs préceptes ou conseils qui ne leur ont paru ni moins utiles, ni moins nécessaires à connoître. En cherchant à nous offrir les moyens pratiques propres à nous assurer d'heureux succès dans nos études particulières, ainsi que dans l'enseignement, ils nous recommandent, par exemple, la plus grande attention dans le choix des ouvrages que nous lisons : ils nous indiquent la manière de faire nos lectures, et de rédiger les extraits des ouvrages qui ont rapport à nos études : ils nous tracent ensuite le tableau des qualités qu'un bon professeur doit réunir, qualités morales, et vertus actives, caractère modéré, ferme, et soutenu, connoissances étendues et solides, esprit clair et méthodique, don particulier de la parole, mœurs pures, et zèle infatigable : à tous ces détails, ils joignent encore l'indication des procédés que ce professeur doit suivre dans le cours de ses leçons. Tant d'objets à développer nous emporteroient plus de temps que nous n'en avons à notre disposition : d'ailleurs, n'est-ce pas abuser des mots et des choses, que de les ranger parmi ceux qui appartiennent plus spécialement à la logique ?

Il se présente ici deux autres questions dont il paroît juste de dire un mot : la première est de savoir s'il est vrai, comme tant de logiciens l'ont dit ou répété, que la *synthèse* soit exclusivement la *méthode* convenable à ceux qui enseignent, et l'*analyse* à ceux qui cherchent à s'instruire eux-mêmes ; et la seconde est de savoir si en général on doit préférer l'une de ces deux *méthodes* à l'autre . . . Qnant à la première, nous nous contenterons d'observer que les principes les mieux établis par Condillac lui-même, et sur-tout son exemple, démontrent que si l'une de ces deux *méthodes* peut en certaines circonstances, convenir plus spécialement que l'autre, il est néanmoins toujours vrai que par-tout on a besoin, pour avoir de véritables succès, de combiner leurs divers procédés : si vous commencez par analyser, vous ne tarderez pas de recourir à la synthèse, lorsque vous voudrez résumer votre travail et en tirer des conséquences générales : si vous commeneez par la synthèse, vous tomberez toujours dans l'analyse, lorsque vous en viendrez à des exemples ou à des applications particulières.

La seconde question trouve déjà sa réponse dans ce que nous venons de dire : car il est évident que les deux *méthodes* sont également utiles ou nécessaires; et que si l'une l'est plus que l'autre, c'est un point qui ne dépend que des personnes, des circonstances, des objets que l'on traite, et du but que l'on se propose. C'est donc avec raison, que nous rangeons ces deux questions et beaucoup d'autres semblables, parmi celles que l'on doit regarder oiseuses.

PARAGRAPHE VI.

Précis de la doctrine de Condillac sur la Méthode.

Condillac est trop justement placé au premier rang des philosophes modernes qui ont traité de la *méthode*, pour ne pas faire connoître ici sa doctrine. Nous allons donc présenter avec fidélité et dans ses propres termes, les principes qu'il a consignés dans ses ouvrages sur cette matière. Si nous nous permettons d'y joindre quelques discussions, ou même quelques opinions contraires aux sciences, nous ne nous le permettrons que parce que nos fonctions nous en font un devoir. Ne cherchant que la vérité, et ne nous y arrêtant qu'autant que la réclame l'intérêt de nos éleves, nous espérons qu'on nous laissera sur la ligne qui sépare les frondeurs injustes, de ceux qui aux yeux de Bacon ne servent qu'à grossir le cortege d'un homme célebre, pour s'y vouer à un assentiment servile, et n'être plus qu'autant de *pedarii senatores*.

On trouve donc dans les ouvrages de Condillac, la doctrine et les principes qui suivent...

1° Sur l'esprit de l'homme et ses procédés...

« L'esprit humain n'a qu'une manière de procéder : il ne fait une chose nouvelle que sur » le modèle d'une autre qu'il a faite. Créer une » science n'est autre chose que faire une langue ; » étudier une science, c'est apprendre une langue » bienfaite. Le commencement de toutes les connoissances est dans les notions communes : » c'est là que se trouve tout ce que les métaphysiciens et les mathématiciens ont découvert, et tout ce qu'ils découvriront : le philosophe seroit bien savant, s'il voyoit tout ce » qui est dans les notions les plus communes. » Inventer, dit-on, c'est trouver quelque chose » de nouveau par la force de son imagination : » cette définition est absolument mauvaise : nous » ne faisons de découvertes qu'en procédant » d'analogies en analogies : perfectionner, c'est » simplifier ce que l'on connoissoit : on ne perfectionne les sciences, ou l'art de les connoitre ou de les enseigner, qu'autant qu'on » simplifie les méthodes ; et c'est le choix des » signes qui fait la simplicité des méthodes :

» la simplicité est ce qui donne du prix à tout ; » le génie n'est qu'un esprit simple : c'est l'ignorance qui complique tout. La démonstration » n'est que l'identité rendue sensible : démontrer, c'est faire passer dans l'expression, » l'identité qui étoit dans l'esprit : ainsi retrouver l'inconnu dans le connu, n'est autre » chose qu'apprendre ce qu'on savoit déjà : l'art » de raisonner ne consiste qu'à savoir changer » de langage, ou à savoir traduire ce qu'on sait » dans ce qu'on ne sait pas, où bien ce qu'on ne » sait pas dans ce qu'on sait. » ...

2°. Sur la méthode et les méthodes...

« Il n'y a qu'une méthode, l'*analyse*, et qu'un » principe, l'*analogie* : l'analogie et l'analyse » voilà à quoi se réduisent tous les principes » (des langues et de la philosophie). Les méthodes ne se cherchent que dans l'analogie des » signes quand on travaille sur les signes, et » dans l'analogie des idées quand on opére sur » les idées. Les idées abstraites ne sont que des » idées générales applicables à tout : ce ne sont » que des noms ; si vous croyez qu'elles sont » autre chose, dites, si vous le pouvez, ce que » c'est que cette autre chose. L'analyse des mathématiciens est la méthode qui par un premier » procédé, traduit dans une équation fondamentale, toutes les données d'un problême, » et qui par un second procédé fait prendre à » cette équation, une suite de transformations, » lesquelles conduisent à l'équation finale, où » la solution se trouve renfermée : or on analyse par-tout de même, quand on raisonne » bien : car l'analyse n'est que l'art de raisonner. » Pour bien connoître une montre, on la démonte d'abord, et on la remonte ensuite : » voilà ce que fait l'analyse : tous les procédés » qui

» qui lui sont propres, se réduisent à la composition et à la décomposition : sachez ce que » vous faites, vous saurez le refaire. Ne le pouvez-» vous pas ? Restez dans l'ignorance ; c'est un » oreiller assez doux pour bien des têtes. »

3°. Sur le langage et les langues...

« Les premiers principes du langage sont dans » notre manière de combiner nos idées ; il faut » les chercher dans l'analyse même de la pensée. » Or cette analyse est toute faite dans le dis-» cours, mais avec plus ou moins de précision. » Les langues sont donc des méthodes analyti-» ques plus ou moins parfaites. D'où il suit que » la Grammaire (qui a pour objet la connois-» sance des signes vocaux établis et reçus parmi » nous), est la première partie de la logique. » C'est par la recherche et l'étude des signes, » que nous arrivons à connoître les principes et » les loix ou regles communes à toutes les lan-» gues (c'est le mauvais choix, ou l'imperfec-» tion, ou l'insuffissance des signes, qui pro-» duit tous les vices ou défauts de ces mêmes » langues) : nos langues (actuelles) ne sont » (sous ce rapport), que ce qui reste après des » ravages et des dévastations. Malheureusement » quand la langue est compliquée, la méta-» physique se complique aussi : les langues sont » en proportion avec les idées : en acquérant de » nouvelles connoissances, les langues ont besoin » de plus d'étendue : elles n'ont des mots de dif-» férentes espèces, que parce que nos idées ap-» partiennent à des classes différentes ; et elles » n'ont besoin de moyens pour lier les mots, » que parce que nous ne pensons qu'autant que » nous lions nos idées : aussi les langues les plus » riches sont-elles celles des peuples qui ont » le plus cultivé les arts et les sciences ».

Telles sont les principales bases du système de Condillac : il faudroit avoir son génie pour faire également connoître avec quel talent et quel succès il a su pratiquer lui-même ses leçons dans ses ouvrages philosophiques ; ou plutôt, il faudroit le copier tout entier dans la partie de ses développements. Mais en rendant avec franchise cette justice à Condillac, je puis sans doute, pour l'intérêt de la vérité, et le perfectionnement de la méthode la plus convenable à l'enseignement public, proposer quelques observations fondées sur l'examen le plus attentif et le plus impartial de ses principes. Les plus petites erreurs deviennent toujours plus graves et plus dangereuses, à mesure que celui qui y tombe, est plus grand à nos yeux.

Première observation. Quelques personnes reprochent à Condillac de nous ramener et retenir toujours dans le cercle des détails minutieux de nos premières opérations ; de se borner à nous faire rétrograder vers notre enfance, pour nous faire longuement parcourir un terrain qui étoit loin derrière nous, et daigner à peine ensuite nous remettre où il nous avoit pris ; de sorte que sa méthode ne consiste, selon eux, qu'à nous reporter au commencement de tout. . . . Mais en cherchant à nous faire connoître la meilleure méthode d'étudier les sciences, il n'a pas prétendu nous les enseigner dans tous leurs détails : il n'a voulu que nous mettre à portée d'assurer et d'accélérer les progrès que nous pourrions faire, en suivant la route qu'il nous a tracée ; en quoi les services qu'il a rendus aux hommes et aux sciences, sont évidemment inappréciables.

Deuxième observation. Quelques autres personnes lui attribuent, tantôt en lui en faisant un reproche, et tantôt en lui en faisant un sujet de gloire, d'avoir été guidé par le desir d'innover : mais sa méthode n'est, quant à la théorie, que la méthode connue et proposée avant lui : on ne peut y découvrir que deux différences remarquables ; l'une qu'il substitue toujours le nom d'*analyse* au nom de *méthode ;* et l'autre qu'en conséquence de cette substitution, il comprend également sous une même dénomination, et l'*analyse*, et la *synthèse* qu'il ne nomme jamais. En effet, il nous dit formellement que son *analyse* consiste à décomposer et à recomposer ; et si dans les faits particuliers qu'il examine, il est toujours fidele à soumettre les détails aux procédés analytiques, il ne manque pas ensuite d'opérer en masse sur les mêmes idées selon l'ordre synthétique. Il compose en un mot, après l'avoir décomposé : il remonte sa montre après l'avoir démontée. Ainsi, sauf l'emploi d'un mot à la place d'un autre, sa doctrine n'est que celle de ses prédécesseurs, qui toutefois ont été loin d'en faire une application aussi heureuse et aussi parfaite que lui....

Troisième observation. J'oserai à mon tour lui reprocher quelques torts envers les grammairiens qui l'ont précédé. Il les condamne avec une sorte d'aigreur, dans le même temps qu'il s'éleve contre toute autre méthode que la sienne. Cependant il ne nous donne sous le titre de *Grammaire générale*, qu'un ouvrage trop borné pour nous dispenser de recourir à ces mêmes auteurs, contre lesquels il tâche de nous indisposer. Il ne fait qu'esquisser plusieurs branches de l'arbre grammatical ; et l'on ne peut s'empêcher de dire, qu'il auroit dû traiter ce sujet de maniere à nous rendre les livres des autres absolument inutiles ; ou bien ne pas travailler à nous faire mésestimer ceux dont il dédaignoit de remplacer les ouvrages.

Quatrième observation. Je confesse que je ne conçois pas comment on pourroit, dans l'enseignement public, s'astreindre à l'imiter bien fidelement, sans s'exposer à des inconvénients très-graves. Dans l'enseignement public, on est tenu de faire connoître telle science en un temps donné : or en imitant scrupuleusement Condillac, on sera à la fin de son année scholaire, qu'on n'aura vu qu'une foible partie de son objet : les détails infinis dans lesquels on se sera jeté, n'auront pas permis d'aller plus vîte. Ainsi je suis bien convaincu qu'en profitant, dans ses explications sur-tout, des modeles de développement que ce philosophe nous a laissés, tout professeur jaloux de bien remplir sa carrière, doit éviter de le suivre dans la disposition détaillée des matières qu'il sera tenu d'embrasser; et qu'en particulier, celui qui doit enseigner la Grammaire philosophique, ne peut se dispenser de traiter cette science synthétiquement, comme nos célebres grammairiens l'ont fait, et beaucoup plus que Condillac, sauf à recourir selon les circonstances, et autant qu'il en sera besoin, aux procédés analytiques comme lui et plus qu'eux.

CHAPITRE IV.

De la Ponctuation.

(135°.) LA ponctuation est l'art d'indiquer dans l'écriture, les principales sortes de pauses que l'on doit observer ou pratiquer en parlant. Le même bon sens qui nous dit qu'on ne parle que pour être entendu, nous dit aussi qu'on ne doi écrire que pour exprimer ses pensées d'une manière intelligible. Mais si pour être entendu dans le premier cas, il faut également faire connoître les idées que l'on veut faire entrer dans son discours, et les rapports divers par où on les lie les unes aux autres ; il faut de même pour être sûrement intelligible dans le second cas, écrire les mots dans l'ordre et sous la forme accidentelle qu'ils ont dans nos phrases, et de plus retracer en quelque sorte, les autres distinctions que nous y avons établies et rendues sensibles, tant par les intonations, que par les pauses. C'est précisément ce dernier objet que l'on cherche à remplir au moyen de la *ponctuation*, qui de cette sorte ne pouvant être réglée que sur les dégrés de proximité ou de distance que nous appercevons entre nos idées ou nos pensées, appartient essentiellement à la syntaxe, laquelle seule en est l'appui, ou dont elle-même n'est qu'une conséquence.

L'abbé Girard prouve fort bien, et il est aisé de sentir, que sans la *ponctuation*, il seroit impossible de ne pas tomber très-souvent dans des erreurs funestes : ainsi l'on devroit penser que les peuples auront eu un système de *ponctuation*, en même-temps qu'un système d'écriture; ou du moins que l'un aura suivi l autre de près. Il paroît cependant que l'art de ponctuer a été ignoré assez long-temps chez les anciens, et surtout qu'il a été très-imparfait jusqu'à la découverte de l'imprimerie. A la vérité, Isidore de Séville en parloit au septième siècle, comme d'une chose pratiquée de son temps par les plus célebres auteurs : on voit aussi que St. Jérôme, vers la fin du quatrième siècle, en a fait usage dans sa traduction de la Bible : bien plus, on cite un passage de Cicéron, dans son troisième livre *de l'Orateur*, où il en fait mention : enfin on observe que long-temps auparavant, Aristote avoit assez manifesté qu'il le connoissoit, puisqu'il se plaignoit du risque que l'on couroit de tomber dans des contre-sens en lisant Héraclite, parce que celui-ci n'avoit pas ponctué ses écrits. Mais d'un autre côté, il est constant que les Hébreux n'ont connu la ponctuation qu'après que leur langue a été morte ; et que parmi eux, ce sont les Massorettes qui l'ont pratiquée les premiers, en même-temps qu'ils ont fait usage des points-voyelles. D'ailleurs on a été, et même l'on est encore très-peu d'accord sur la valeur et l'emploi des signes de ponctuation : on ne cite gueres que trois ouvrages où cette matière ait été traitée avec soin ; les Principes de la Langue Françoise par l'abbé Girard ; l'Encyclopédie, article de Beauzée ; et le Dictionnaire de l'Élocution Françoise.

Nous remarquerons d'abord qu'il seroit à desirer que tous les peuples adoptassent le même système de ponctuation ; d'autant plus qu'à cet égard, les bases étant les mêmes par-tout, ainsi que les besoins, on peut par-tout employer les mêmes moyens avec un égal succès et une égale facilité. Nous conclurons delà, que la ponctuation est spécialement du ressort de la Grammaire philosophique, tous ses principes étant des corollaires de la logique et de la métaphysique. Cette considération est ce qui nous détermine à nous en occuper ici avec quelque détail, en deux paragraphes, l'un pour les signes qui indiquent les pauses, et l'autre pour ceux qui sont destinés à désigner les intonations.

PARAGRAPHE PREMIER.

Des signes de Ponctuation destinés à marquer les pauses.

(136°.) Tous les auteurs s'accordent à compter quatres signes consacrés à l'indication des pauses que nous pratiquons en parlant; savoir, la virgule, le point avec la virgule, les deux points ou le *comma*, et le point seul. Mais pour marquer l'emploi ou le meilleur usage de ces signes, nos auteurs ont suivi des plans différents. Girard, en partant du principe, qu'il ne s'agit que de marquer les dégrés de distinction dans le sens des phrases, a distingué quatre sortes de sens susceptibles de ces sortes de distinction, 1°. les *sens constructifs*, qui sont réunis dans une même phrase par la construction qui les en constitue parties intégrantes, quoique ces sens soient bien distingués l'un de l'autre par la nature de leurs objets; 2°. les *sens relatifs*, qui sont exprimés par différentes phrases ou propositions, mais attachées les unes aux autres de manière à ne former qu'un sens général; 3°. les *sens partiels*, qui semblent complets en les considérant chacun en particulier, mais que l'on rapproche néanmoins pour les faire tous concourir à un sens intégral; et 4°. les *sens intégraux*, qui sont parfaitement isolés, n'ayant d'autre liaison que la convenance du sujet que l'on traite, et l'analogie des pensées. C'est entre ces quatre sortes ou classes de sens, qu'il distribue ensuite les signes ou caracteres de ponctuation qui nous sont connus.

Beauzée suit un autre ordre, peut-être moins satisfaisant aux yeux du philosophe, mais plus facile à suivre dans la pratique : il nous présente

1°. l'usage de la virgule ; 2°. celui de la virgule avec le point ; 3°. celui des deux points ; et 4°. celui du point simple. C'est là l'ordre qu'on avoit suivi, il y a près de quarante ans, dans le Dictionnaire de l'Elocution. C'est aussi celui que nous adoptons dans ce paragraphe, mais en nous arrêtant aux regles les plus essentielles, non-seulement parce que l'on peut sans de graves inconvénients, varier jusqu'à un certain point dans beaucoup de détails ; mais aussi parce que l'application plus détaillée d'un assez grand nombre de ces regles, tient au génie des langues et peut varier de même.

Quand on parle, on a deux besoins à satisfaire, celui des poumons qui ne fournissent de l'air que pour un certain nombre de syllabes, et celui de l'esprit qui place ses idées ou pensées à différents intervalles l'une de l'autre. La nature toujours admirable et d'accord avec elle-même, a rendu ces deux besoins si heureusement paralleles entr'eux, que satisfaire l'un est en général le meilleur moyen de satisfaire l'autre. Mais les pauses ou especes de repos qui en résultent, varient en un nombre incalculable de nuances fixes et délicates, qu'il seroit bien difficile, et peut-être impossible d'apprécier avec justesse, et de rendre sensibles dans l'écriture ; et voilà pourquoi on s'est borné à n'en saisir que les principales, que l'on a réduites aux quatre que nous avons annoncées, et que nous allons reprendre en quatre articles successifs.

ARTICLE PREMIER.

Usage de la Virgule.

(137°.) La *virgule* est un trait un peu recourbé, qui se met après le mot, et va depuis le dessous de la ligne en en-bas : elle marque la plus foible des pauses rendues sensibles. On ne l'emploie point dans les phrases simples et courtes, sauf les exceptions qui suivent... 1°. S'il y a dans la phrase des parties similaires ; il faut examiner s'il n'y en a que deux, ou s'il y en a plus de deux : là, les parties similaires sont séparées par la *virgule*, lorsqu'elles se suivent sans conjonction ; et elles rejetent la *virgule* entr'elles, lorsque n'étant pas trop longues d'ailleurs, et ne renfermant point de phrases subordonnées ou incidentes, elles sont liées par la conjonction *et*, ou par la conjonction *ni* : ici, lorsqu'il y a plus de deux parties similaires, chacune de ces parties, quelque courte qu'elle soit, est séparée de la suivante, soit qu'il y ait une conjonction, ou qu'il n'y en ait point. Dans tous les cas, il faut séparer par la *virgule*, les parties similaires qui excedent la portée de la respiration : mais lorsqu'il y en a plus de deux, il ne faut point imiter ceux qui retranchent la *virgule* après l'avant-dernière, lorsque la conjonction s'y trouve : car cette suppression feroit prendre les deux dernières parties similaires pour une seule idée complexe, et non pour deux parties aussi distinctes que celles qui les précedent ; la conjonction ne pouvant sans celà, les unir plus étroitement que les autres, et ne servant qu'à annoncer que l'énumération va finir. Observons que dans... « Ces deux femmes haïssent tout le monde et ne » se quittent pas » ; il y a deux parties similaires et une seule phrase ; et que dans.... « Ces deux » femmes haïssent tout le monde, et elles ne se » quittent pas » ; le mot *elles* est cause qu'il y a deux phrases, et non deux parties similaires ; raison pour laquelle il y faut une virgule.

2°. Lorsque le terminatif est à la tête de la

phrase, et que sur-tout il est composé de plusieurs mots, il doit être suivi de la virgule; comme... « *De votre campagne*, *je suis revenu* » *à la ville* ».

3°. Nous en dirons autant de l'adjonctif, quand il forme une apostrophe, ou qu'il sert à rappeller un autre terme de la phrase; comme dans... « *Monsieur*, *écoutez-moi. Cet étourdi*, *vous le* » *connoissez* ».

4°. Rangez encore sous la même loi, le circonstanciel, toutes les fois qu'énoncé par plusieurs mots, et employé sous le régime d'une préposition ou d'un gérondif, il est placé entre l'attribut et quelqu'autre membre de la phrase; comme... « Il s'est présenté avec un air spadas- » sin, à la porte de son rival ».

5°. Si dans les langues analogues, il y a une hyperbate, la partie ainsi transposée doit être suivie de la *virgule*, lorsqu'elle commence la phrase, et entre deux *virgules*, lorsque l'ordre naturel de la phrase est coupé par ce déplacement; comme... « *Convaincu* par tant de témoins, » comment pouvez-vous ne pas vous rendre » ?

Disons en général que toute addition qui n'est point partie constitutive de la phrase grammaticale, doit en être séparée par la virgule; comme... « Insolente qui me manque, *à moi*, qui vous » manquera bientôt, *à vous*, .. *Non*, *non*, loin » d'être des demi-dieux, ce ne sont pas même » des hommes » ! ..

Il faut en dire autant des adverbes ou phrases adverbiales, qui n'ont point de liaison grammaticale avec la phrase à la tête de laquelle on les place; comme ... « Qu'il soit sage; *autrement*, » il s'en repentira ».

On se contente de séparer par la *virgule* seulement, même les phrases qui se suivent, ...

1°. Dans les périodes, lorsqu'il n'y a que deux membres, et qu'aucun des deux n'est subdivisé en parties subalternes qui se distinguent par le même signe de ponctuation : car c'est un principe général, que là où des divisions inférieures prennent un des signes reçus, il est nécessaire que les divisions supérieures ou plus élevées, plus étendues, prennent un autre signe qui marque une plus grande distinction ; c'est-à-dire, qu'il faut toujours graduer les signes selon les intervalles.

2°. Dans le style coupé, lorsque les phrases qui sont grammaticalement détachées, concourent à former entr'elles, un sens ou tableau unique et total, et que d'ailleurs elles sont toutes fort courtes ; comme ... « Ils se raccourcissent, » ils s'allongent, ils se baissent, ils se relevent, » ils s'élancent, ils sont altérés de sang », etc. On peut dire de ces sortes de phrases, que ce ne sont que des parties similaires dans une même pensée, ou dans un même tableau.

3°. Dans les propositions complexes par des phrases incidentes, lorsque celles-ci ne sont pas déterminatives, on n'admet point la *virgule* après leur antécédent ; au lieu que cette virgule devient nécessaire entre l'antécédent et son incidente explicative. Il en sera de même lorsque l'explicative n'étant pas complétement décomposée, ne sera formée que par un adjectif accompagné des ses régimes, et placé avant ou après son antécédent ; comme dans ... « Soumis avec » respect à sa volonté sainte, je crains Dieu, » etc. Cet esprit d'imprudence et d'erreur, de la » chûte des rois funeste avant-coureur ».

4°. Dans les phrases complexes par la réunion de deux pensées fondues en une seule, lorsque la subalterne n'intervient qu'à titre d'union ou de rapprochement, ou pour marquer une alternative, ou un contraste, pourvu que les pensées réunies n'aient pas d'autres parties subalternes qui aient déjà exigé la *virgule*. Si la pensée ajoutée à la principale ne sert qu'à conduire le sens de celle-ci à sa perfection, ou à le restreindre en le déterminant, la *virgule* ne doit point être admise.

5°. Dans les phrases devenues complexes par l'addition d'une annonce de citation, ou par l'interposition d'une autre pensée employée en paranthèse ou parembole : car on place entre deux *virgules* les expressions qui annoncent la citation, ou qui sont l'objet de la parembole et de la parenthèse, lors même que cette dernière est entre deux crochets, précaution que l'on ne prend gueres que quand les phrases intercalées sont elles-mêmes complexes et d'une certaine longueur, ou lorsque l'on craint de donner lieu à quelque obscurité ou équivoque.

ARTICLE II.

Du Point avec la Virgule.

(138°.) Le signe dont il s'agit ici est, composé d'une virgule ordinaire, surmontée d'un point que l'on place à la hauteur de la partie supérieure des lettres.

Lorsque les parties principales d'une pensée complexe ont elles-mêmes des parties subalternes, qui exigent la distinction de la virgule; ces parties principales prennent entr'elles la virgule ponctuée, ou le signe dont nous parlons dans cet article. C'est ce que l'on retrouve dans la plupart des périodes un peu longues, et souvent aussi dans le style coupé; ainsi qu'entre la proposition totale qui est en tête, et celles qui viennent par énumération pour la développer; entre les propositions incidentes quand il y en à plusieurs, et qu'elles sont dans le cas indiqué, et de même encore entre les choses opposées deux à deux et ayant déjà la virgule, comme dans.... « Elle n'est point autre à Rome, autre à Athenes; » autre aujourd'hui, et autre demain, etc. »

ARTICLE III.

Des deux Points, ou du Comma.

(139°.) Une regle généralement admise est que la virgule serve à distinguer les parties trop longues, ou très-distinctes, ou déplacées, dans une seule et même phrase; que la virgule ponctuée serve à distinguer les phrases longues ou complexes, et tellement liées ensemble par leur structure grammaticale, que l'esprit, après la première, ait besoin de la seconde pour saisir le sens total; et que les deux points soient employés à distinguer les phrases tellement liées ensemble, que la seconde ait besoin de la première dont elle n'est qu'une suite, mais que la première n'exige nullement la seconde pour procurer à l'esprit un repos parfait; comme dans.... « Le » siecle d'Auguste a été celui des grands poëtes: » cependant il n'a point eu de poëtes tragiques ».

Si dans le style coupé les phrases grammaticalement détachées les unes des autres, sont assez longues pour avoir besoin de la virgule entre leurs parties constitutives, et que d'ailleurs elles tendent toutes ou se rapportent toutes à un but commun; on les sépare le plus ordinairement par les deux points.

S'il y a trois ordres de divisions dans une même période, les parties majeures prennent encore les deux points pour marque de distinction.

Les mêmes caracteres servent également à séparer la phrase qui annonce une citation textuelle, du texte ou discours direct que l'on rapporte ensuite, soit avec des guillemets, soit en le soulignant, ou en l'imprimant en lettres italiques, etc.

ARTICLE IV.

Du Point simple.

(140°.) Le point marque un repos plus grand que tous ceux qui sont indiqués par les signes dont nous venons de traiter dans les articles précédents : il marque un sens plus achevé, plus arrondi, et une clôture plus complete : on s'en sert après les phrases simples, hors les cas exceptés ci-dessus, et après toutes les périodes, dont le sens est fini de manière à être indépendant de ce qui suit, c'est-à-dire, à n'y tenir que par l'analogie ou convenance générale du sujet que l'on traite. Beauzée prétend qu'on en fait beaucoup trop d'usage. On distingue deux sortes de points simples ; l'un qui n'empêche pas d'employer le reste de la ligne, et l'autre après lequel on laisse en blanc ce qui reste de cette ligne, pour reprendre la suite du texte, au commencement de la ligne suivante. Ce dernier s'appelle le *point alinéa.* On s'en sert quand on a fini ce qu'on avoit à dire sur un objet particulier ; quand, par exemple, on a fini une partie distincte de son discours, et que l'on veut entrer dans un autre raisonnement, dans une autre discussion, dans le récit d'un autre fait, etc. Les alinéa trop fréquents donnent au discours l'air d'un ouvrage décousu : s'ils sont trop rares, le lecteur est fatigué, n'ayant pas assez de repos d'une certaine étendue. C'est au bon goût à diriger les écrivains à cet égard.

PARAGRAPHE II.

Des signes de Ponctuation destinés à marquer les intonations.

Nous n'avons pour les intonations ou inflexions

de voix, que deux signes, le point interrogatif, et le point exclamatif; le premier formé par un double crochet sur un point simple; et l'autre représentant un *i* renversé. Ils nous fourniront la matière de deux articles.

ARTICLE PREMIER.

Du Point interrogatif.

(141°.) Le signe dont il s'agit, se place à la fin de toutes les phrases qui sont interrogatives, tant de celles qui le sont directement, que de celles qui le sont par citation; comme .. « 1°. De quoi » n'est pas capable un homme subjugué par une » semblable passion?... 2°. Les Juifs lui envoye- » rent des prêtres et des lévites chargés de lui » faire cette question : *Qui es-tu?* » Si dans le style coupé, les phrases sont interrogatives, elles en prennent le signe, mais sans exiger ensuite de lettres capitales.

Lorsque dans une période ou dans une proposition complexe, il n'y a qu'un membre ou qu'une phrase dépendante qui soit interrogative; ce n'est qu'à la fin de toute la période, ou de toute la phrase complexe, qu'on place le signe d'interrogation.

Nulle proposition interrogative par le sens des mots, lorsqu'elle ne l'est point par la forme grammaticale, n'admet le signe d'interrogation.

Il suit de ces détails que le signe d'interrogation s'emploie également à la fin des phrases qui, si elles n'étoient pas interrogatives, demanderoient tantôt le point simple, tantôt le comma, et quelquefois même la seule virgule. C'est qu'on le met à la fin de toutes les phrases interrogatives dont l'ordre grammatical et la construction sont indépendantes des phrases suivantes.

ARTICLE II.

Du Point exclamatif.

(142°.) Si l'on ne considère que la forme grammaticale de la phrase, nous dirons que le point exclamatif se met toujours à la fin des pensées où l'on exprime par cette forme même, un sentiment d'admiration, de surprise, de terreur, ou d'affection, et de sensibilité. Nous dirons encore qu'on le met à la fin de toutes celles qui exprimant l'un des sentiments que nous venons d'indiquer, se trouvent d'ailleurs, quant à l'ordre grammatical, et à leurs relations avec celles qui suivent, dans l'un des cas où nous avons vu, qu'elles prendroient le signe interrogatif si elles étoient interrogatives au lieu d'être exclamatives. Ces deux signes, en un mot, s'emploient l'un comme l'autre ; c'est-à-dire, l'un dans les circonstances entièrement parallelles aux circonstances où l'on emploieroit l'autre.

Les Grecs et les Hébreux n'avoient pas pour les intonations, les mêmes signes que nous.

On peut joindre à tous les signes dont nous venons de parler, ce qu'on appelle *guillemets, points suspensifs*, etc. Mais comme l'usage ne peut en être douteux ou embarrassant, nous ne nous y arrêterons pas, non plus qu'à la parenthèse, au signe qui marque un changement d'interlocuteur, à ceux qui annoncent les renvois, etc. ; tous objets qui n'offrent aucune difficulté, aucun sujet de discussion, et que l'on peut sans inconvénient renvoyer et abandonner à ceux qui traitent de l'orthographe dans les écoles primaires.

LETTRE
A MONSIEUR PINGLIN
Sur l'histoire de la Science Grammaticale.

à *** le 22 vendémiaire, an 11.

VOUS me proposez, mon cher et digne ami, de rédiger l'histoire de la Science Grammaticale, non pour les savants, à qui je serois le premier à la demander, mais pour mes éleves, auxquels il vous semble qu'elle seroit utile. On diroit à vous entendre, que faire cette histoire ne doive être qu'un jeu; tandis que si j'en juge bien, il est peu d'entreprises en littérature qui soient aussi longues et aussi difficiles. Je compare celui qui voudra l'entreprendre, au savant qui, du fond de son cabinet, veut nous donner l'histoire naturelle, civile, militaire, politique, religieuse, et littéraire, en un mot, l'histoire complete de l'une des régions du monde, et surtout d'une région encore peu connue : et ne voyez-vous pas en effet, que l'un est obligé comme l'autre, de s'entourer d'une immense collection d'ouvrages différents ; et de recueillir, confronter, choisir, classer, et lier ensemble, l'un, les faits, et l'autre, les points de doctrine qu'ils pensent devoir admettre? Combien d'embarras et de ressassements, avant d'arriver à des résultats dont ils puissent espérer que leurs lecteurs seront contents? Représentez-vous l'abbé Raynal travaillant à son histoire des établissements européens dans les Indes! Vingt collaborateurs lui fournissent des matériaux! Quelques-uns mêmes lui donnent de longs morceaux qu'il n'a plus qu'à copier et encadrer. Tous cherchent à suppléer à l'insuffisance d'une bibliotheque toute entière de relations et de mémoires ! Et cet auteur, à qui l'on ne peut refuser ni les talents ni le courage, n'a pas assez de trente années de constance et de travail, pour parvenir à ne rien laisser à regreter ou à critiquer au monde savant !

Si vous examinez bien la position de celui qui forme une entreprise semblable, vous verrez qu'il se met dans la nécessité de recommencer en quelque sorte tous les voyages, et toutes les observations de ceux d'après lesquels il écrit. Il faut, si je puis m'exprimer ainsi, qu'il reprenne les mêmes routes, qu'il repasse par les mêmes aventures, qu'il supporte les mêmes fatigues, qu'il rencontre et surmonte les mêmes obstacles ; mais toujours en vérifiant les faits, en discernant le vrai d'avec le faux, et en corrigeant les erreurs des uns, par la confrontation qu'il en fait avec les relations des autres : sans celà, il n'auroit à nous offrir qu'une compilation indigeste et absurde, toute remplie de mensonges et de contradictions, ou d'inepties.

Ce tableau, mon cher ami, ne s'applique-t-il pas d'une manière frappante, à celui qui veut nous donner l'histoire d'une science ? Celui-ci peut-il se flatter d'avoir un travail plus facile, ou d'obtenir un succès plus heureux ? N'a-t-il pas les mêmes peines et les mêmes difficultés à redouter ? En m'invitant à rédiger l'histoire de la Science Grammaticale, ne me proposez-vous pas de rassembler autour de moi tous les livres que nous avons sur cette science, et sur celles qui y tiennent de plus près ? Ne me proposez-vous pas de les méditer et relire tous, de les ranger par époques, d'extraire de tous, ce qui a fait faire quelques pas à cette science, d'employer ensuite ces matériaux dans l'ordre et dans la forme la plus convenable, et de rejeter tout le reste comme superflu?

Or ce travail n'est-il pas effrayant? Ne l'est-il pas surtout pour celui qui, confiné momentanément dans une solitude profonde, n'a ni les livres qu'il a besoin de consulter, ni les amis qui pourroient y suppléer? Je ne veux point méconnoître l'autorité que l'amitié vous donne sur moi : mais vous n'exigerez point l'impossible, et vous voudrez bien sans doute vous contenter d'une simple esquisse, au lieu d'un tableau régulier et fini.

Une véritable histoire de la Science Grammaticale demanderoit des discussions très-longues sur chaque article, sur chaque auteur, et peut-être sur chaque langue. Quel homme assez courageux pour l'entreprendre, auroit assez de connoisssances pour y réussir, et assez de talents, pour sauver ses lecteurs de l'ennui le plus cruel? Je suis loin de pouvoir remplir cette tâche ; et si je le pouvois, je ne serois pas assez ennemi de moi-même pour m'en charger. Je ne ferai donc point l'histoire de la Science Grammaticale. Je n'en ferai pas même l'abrégé : car un abrégé doit conserver la forme d'un ouvrage régulier : ainsi il me conduiroit encore, et pour le moins, à des détails sommaires très-fréquents, et à des listes faites selon l'ordre chronologique le plus sévère ; listes seches et ennuyeuses, dont la marche compassée fatigueroit inutilement les lecteurs, et surtout les jeunes gens, qui n'apprendront jamais de cette sorte à connoître les bons auteurs, et à qui d'ailleurs il suffit de savoir en général que ces auteurs ont existé, et que ce n'est qu'en les lisant, que l'on peut profiter de leurs ouvrages. Nous préserve le ciel de ceux qui veulent écrire tout ce qu'ils savent ! Il faut, ici sur-tout, savoir beaucoup pour écrire peu. Ce n'est donc qu'une esquisse que je me propose de vous tracer : elle aura cet avantage, si je ne me trompe, qu'elle pourra suffire aux besoins de mes éleves, quoique réduite à peu de pages.

Mais ce que je retranche d'un côté, je l'ajoûte de l'autre, en ce que je joins à cette esquisse, un autre morceau sur l'histoire des langues, et une Dissertation concernant l'autorité de l'usage sur les langues : cette dissertation, lue à l'académie de Berlin, il y a vingt-deux ans, appartient à cet ouvrage ; et elle porte sur des principes trop importants, pour ne pas y être insérée toute entière. J'ai cru que ce second travail pourroit être aussi intéressant que le premier.

Vous voyez donc, mon cher ami, de combien je rétrécis la carrière où vous voulez me faire entrer, et sur quel plan, empressé à m'occuper de mes devoirs, et à faire le bien que je puis, mais attentif à me resserrer selon la ténuité de mes moyens, je me détermine, sinon à répondre entièrement à votre invitation, du moins à vous prouver ma docilité.

De l'Histoire de la Science Grammaticale.

Il se présente ici avant tout, une question préliminaire, sur laquelle il importe d'abord que nous nous entendions bien vous et moi. Quelle est l'idée précise que nous devons nous former de cette Science Grammaticale, dont vous me demandez l'histoire ? Telle est cette question, sur laquelle vous me pardonnerez de m'arrêter un instant.

La Science Grammaticale ne consiste pas sans

doute à savoir tout ce qu'on a écrit de bon ou de mauvais sur les langues, et sur tout ce qui peut y avoir quelque rapport : elle ne consiste pas à rappeller, ou tous les ouvrages qui traitent des langues, ou même le jugement raisonné qu'on doit porter de tous ces ouvrages. Ce qu'on appelle Science, se concentre dans une théorie exacte et méthodique, et ne s'étend au-delà des principes généraux, qu'autant que la clarté l'exige.

Si ces notions vous paroissent aussi justes qu'à moi, vous en concluerez que l'histoire de la Science Grammaticale, ne doit être ni l'histoire des langues, ni l'histoire des Grammaires particulières et spéciales; qu'elle ne doit s'attacher qu'à la découverte et admission successive des principes qui constituent véritablement le corps de la science. Or, dans une lettre où je crois devoir me borner à une simple esquisse, il est bien évident que vous ne devez exiger de moi que le simple apperçu des principaux faits et des principales époques ou périodes de cette histoire, et que je ne dois descendre à quelques détails, que pour éviter une trop grande séchcresse, et me faire mieux entendre.

La Science Grammaticale, telle que je viens de la désigner, me paroît avoir, quant à présent, trois périodes principales, auxquelles je vais rapporter tout ce que j'ai à dire sur son histoire : ces trois périodes sont 1°. celle qui nous présente l'état où cette science est restée depuis son origine, c'est-à-dire, depuis les premiers temps que l'on s'en est occupé, jusqu'à l'époque à laquelle les estimables solitaires de Port-Royal, ont enrichi les sciences et les lettres des fruits si précieux de leurs veilles; 2°. celle où l'on peut observer les différentes formes et les développements successifs que cette science a obtenus depuis cette dernière époque, jusqu'à nos jours; et 3°. la période où nous entrons, et qui, dès à présent nous autorise à rechercher ce qu'il est juste d'exiger, ou permis d'espérer de ceux qui cultivent, ou qui voudront cultiver à l'avenir, ce champ si fécond, mais encore hérissé de ronces et d'épines. En me suivant dans l'examen que je vais faire de ces trois périodes, n'oubliez pas, je vous prie, combien j'ai besoin d'indulgence; n'oubliez pas que je réclame particulièrement la vôtre.

Première période. On me demandera sans doute d'abord, où je place le berceau de la Science Grammaticale. Mais ne seroit-ce pas une folie que de remonter plus haut que les beaux siècles de la Grèce? Quelle autre nation plus ancienne peut nous fournir quelques lumières à ce sujet? Que trouverions-nous à recueillir, concernant la Science de la Grammaire, chez les peuples antiques de l'Asie, de l'Egypte, des Indes, de la Chine, ou des régions septentrionales? Si vous m'objectez que tous les peuples ont eu chacun leur langue, je répondrai que toutes les langues du monde ne sont point la Science Grammaticale; et qu'elles n'en sont que l'objet. Si vous m'observez que les langues que nous regardons comme les plus anciennes, ont presque toutes leurs Grammaires particulières, et que ces Grammaires sont d'autant plus dignes d'attention, que les langues dont elles traitent renferment plus de beautés; je répondrai que ce ne sont pourtant que des Grammaires spéciales et usuelles, étrangères aux principes essentiels de la Science, aussi bien qu'aux études de mes éleves. Les langues peuvent se succéder les unes aux autres pendant une longue série de siècles, avant que personne pose les premiers fondements de la science qui les concerne; avant même que l'on forme les recueils purement usuels, et que l'on rassemble les observations routinières, qui sont encore si éloignées des principes généraux; quoiqu'il soit vrai que l'on ne parvienne à ceux-ci, qu'en méditant sur celles-là. Je me bornerai donc ici à rechercher ce que la Science Grammaticale a pu être d'abord chez les Grecs, ensuite chez les Romains, et enfin chez les peuples modernes, sur-tout depuis l'invention de l'imprimerie; car c'est à cette admirable invention, que nous devons principalement rapporter tous nos progrès, et que nos successeurs devront rapporter les connoissances que nous avons à leur transmettre.

Si l'on juge du mérite des ouvrages didactiques des Grecs sur la Grammaire, d'après le haut degré de perfection que tout le monde admire dans leur langue et dans leur style, on ne pourra qu'en conclure qu'il faut bien qu'ils aient eu les grammairiens les plus savants et les plus habiles; mais ce n'est là qu'une conséquence présumée, plutôt que directement établie; et si l'on veut des preuves directes, où trouverons-nous à les puiser? On nous cite des Zoïles très-odieux, et des Aristarques aussi judicieux que sévères : on les cite; on n'en produit pas les ouvrages; on en dira autant des Eratosthènes et de quelques autres. Il est naturel de penser que les Téophraste, plusieurs philosophes, les célebres orateurs d'Athènes, et tous ceux qui ont eu à les instruire, avoient profondément médité sur tous les éléments de leur langue, aussi bien que sur les regles de l'éloquence et du goût; mais par malheur, ce sont encore là des faits sur lesquels on n'a que des conjectures. Le traité de Longin sur le sublime, quelques morceaux de Lucien, quelques phrases de Platon, quelques fragments de quelques autres auteurs, sont avec la poétique d'Aristote, et principalement son livre *de interpretatione,* et son *organum* ou logique, ainsi que les traditions qu'on nous a transmises sur les leçons et les succès des Isocrates, presque tout ce que l'on a pu sauver du naufrage des temps : ç'en est bien assez pour nous faire regreter ce qui s'est perdu : ç'en sera bien assez, si l'on veut, pour nous assurer que les Grecs n'ont pas pû négliger la Science Grammaticale, sur-tout lorsque l'on apprend d'ailleurs, qu'ils avaient le bon esprit de ne la point séparer de la critique, de la dialectique, et de tout ce qui tient à la philosophie, au goût, à l'éloquence, et à la poétique : mais enfin il faut toujours finir par convenir qu'il ne nous est parvenu des anciens Grecs, aucun ouvrage qui traite directement, formellement, et complettement, de la Grammaire philosophique, ou même de la Grammaire spéciale de leur langue ; et que nous n'avons en particulier sur ce dernier point, que ce qui nous a été donné par des écrivains modernes, et étrangers à la Grece : car si des Scholiastes et des Lexicographes peuvent être rangés parmi les Grammairiens, leurs ouvrages néanmoins ne sont pas des Grammaires, et sont moins encore des Grammaires philosophiques. J'irai jusqu'à prier que l'on m'indique quelque passage où les Grecs aient eux-mêmes cité une Grammaire faite ou connue de leur temps.

Aurons-nous une plus ample récolte à faire chez les Romains? Ici se présente d'abord un volume assez épais, sous le titre de... *Auctores latinæ linguæ in unum redacti corpus*, qui nous offre des fragments, et quelques traités rédigés par des Grammairiens plus ou moins anciens : mais quel profit retirera de la lecture de ce recueil, celui qui aura le courage de la faire? des remarques utiles sur la langue latine, qui ne suffisent pas pour dédommager de la nullité de leur théorie, et des notions fausses, superficielles, et triviales, parmi lesquelles elles sont comme perdues et noyées. Nous savons que Messala et César avaient fait de grandes recherches sur les mots de leur langue, et même sur chaque lettre; mais a-t-on lieu de les regrêter, si elles ressemblent à celles qui nous restent du célebre Varron? Sans doute ceux qui n'ont d'autre objet en vue, qu'une étude approfondie de la langue latine, ont raison d'attacher un grand prix à tous ces ouvrages; mais si vous voulez vous élever à des idées plus générales et plus philosophiques, vous verrez qu'en rassemblant tout ce qui nous est venu des Latins sur la Grammaire, il n'y aura gueres que quelques observations de Cicéron, les institutions oratoires de Quintilien, quelques passages de St.-Jérôme, et d'un petit nombre d'autres auteurs, qui méritent une attention sérieuse, relativement à cette science, chez le peuple conquérant du monde.

Cette pénurie nous accompagne à travers une trop longue barbarie, jusqu'à l'époque de la prise de Constantinople par les turcs : car je ne compte pas Isidore de Séville, et le petit nombre de ceux qui, comme lui, sont compris dans la collection dont je viens de parler. La destruction de l'empire d'Orient, en faisant refluer les sciences, les lettres, et les arts de la Grèce en Italie, et ensuite de l'Italie dans le reste de l'Europe, en a en quelque sorte rallumé le flambeau, et leur a ouvert une nouvelle carrière : peu à peu le goût s'est formé, étendu, et perfectionné chez les peuples occidentaux : on y a vu les hommes érudits naître en foule et se succéder de toutes parts. Le génie a paru s'y complaire comme dans sa patrie : les artistes y ont brillé, mêlés et confondus avec les savants, au point que ce seroit aujourd'hui un immense travail que d'entreprendre la simple énumération de ceux qui se sont illustrés à l'un ou à l'autre de ces deux titres.

Si même nous voulons nous renfermer dans ce qui peut intéresser le sujet qui nous occupe, nous serons encore effrayés de la foule d'auteurs estimables que nous aurons à compter durant le peu de siècles qui nous séparent de cette époque si mémorable. Dans cet intervalle si court, les scholiastes, les étymologistes, les glossateurs, les commentateurs, les savants éditeurs se multiplient à l'infini : que sera-ce si nous y joignons ceux qui se sont livrés à la recherche des regles du style, de la poésie, des divers genres de littérature, de tout ce qui caractérise la véritable élégance, ou le génie propre de chaque langue ? Parcourez successivement l'Italie, la France, l'Espagne, l'Allemagne, et l'Angleterre; où n'aurez-vous pas un tribut particulier d'admiration et de reconnaissance, à payer à un nombre presque infini d'hommes justement célebres ? Outre ceux que j'ai cités dans ma Grammaire, en parlant de l'étymologie ; outre tant d'autres qu'il seroit si facile d'y ajouter; essayez de nous dresser la liste des Scaliger pere et fils, des Budée, des Turnebe, des Erasmes, des Valla, des Casaubon, des Vossius, pere, fils, et petit-fils, des Saumaise, des Baudius, des Abram, des Gronovius, des Dacier, des Muratori, et de tant d'autres encore ; de combien d'ouvrages savants et aussi précieux que volumineux, chacun d'eux n'a-t-il pas enrichi la littérature renaissante ! Conçoit-on comment un Scalliger a pu recueillir jusqu'à quatre-vingt livres sur les mots de la langue latine, sans compter tout ce que nous avons de lui ? Qui peut n'être pas émerveillé d'apprendre qu'un

Muratori ne compte que par centaines, les volumes de toutes sortes de formats qu'il nous a laissés? etc.

Mais en rendant justice à tous ces grands hommes, qui par leurs talents et leurs travaux, ont préparé les siècles de la philosophie, du goût, et des arts; en reconnoissant que sans eux, nous croupirions encore au sein de l'ignorance, de la superstition, de la barbarie, et de la servitude; nous n'en sommes pas moins autorisés à déclarer, que tout ce qu'ils ont fait en particulier pour la Science Grammaticale, ainsi que pour plusieurs autres sciences, se réduit au service, non de nous y avoir amenés, mais de nous avoir mis en état d'y parvenir ensuite : ils ont creusé autour de ce monde encore inconnu; mais en le laissant à défricher, et à cultiver. Si toutefois, et comme la justice le requiert, on ne compte ici que les services qu'ils nous ont rendus, et la gloire qui leur en revient; qui ne sera pas étonné des recherches infinies et si souvent aussi minutieuses que nécessaires, dans lesquelles ils n'ont pas craint de s'engager, sur toutes les métamorphoses et les variations dont chaque mot peut avoir été rendu susceptible, quant à sa valeur et à ses usages, et quant à ses formes diverses! Quelle science inépuisable ne découvre-t-on pas dans ces détails si peu attrayans et renaissants par-tout et à chaque pas! Combien d'autres recherches aussi ou plus importantes encore, sur les pensées des auteurs anciens, sur les mœurs des peuples, sur les faits et anecdotes historiques, sur les regles de chaque genre de littérature, sur le mérite particulier de chaque ouvrage, et sur tant d'usages remarquables des langues, usages admis ou tolérés, élégants ou abusifs, nouveaux et recherchés, ou plus anciens et naturels, et enfin prosaïques ou poétiques, nobles ou familiers! etc.

C'est ainsi, et par leur constance et leur ardeur pour l'étude, qu'ils nous ont mis en état d'entendre et d'apprécier tous ces auteurs grecs et latins, que l'Europe entière place au premier rang des auteurs classiques; et qu'ils sont parvenus à nous en donner des éditions si correctes et si soignées! C'est ainsi que peu-à-peu les Calepin, les Lacerda, les Passerat, les Screvelius, les Etienne, les Boudot, etc., ont recueilli dans un ordre régulier et facile tous les mots des langues savantes et cultivées! C'est ainsi qu'eux-mêmes ont enfin compris, sinon qu'il devoit y avoir une Grammaire philosophique et raisonnée pour tous les peuples, que du moins chaque langue a nécessairement ses formes, son génie, ses regles, et sa Grammaire particulière; et c'est aussi à eux que nous devons les premiers Rudiments grecs et latins, et les premières Grammaires des langues modernes, comme on le voit par les ouvrages des Sanctius, des Scioppius, et des Despautere, des Clénard, et de tous ceux qui ont été leurs émules ou leurs successeurs, tels que les Giraudot, les Advocat, et tant d'autres. Le ridicule dont on a trop cherché à couvrir quelques-uns de ces auteurs, ne nous dispense pas de l'hommage qui est dû à leur science et à leur zele.

Ne pourrois-je pas encore placer à leur suite, même les savants qui se sont occupés de livres élémentaires, depuis Decolonia, et Jouvency, jusqu'à l'abbé Batteux, et Marmontel? etc.

Cependant, en suivant tous ces auteurs dans la série interminable de leurs travaux, pouvons-nous ne pas reconnoître qu'ils ne sont point parvenus au but qu'ils étoient si dignes d'atteindre?

Ne sommes-nous pas forcés d'avouer que trop souvent chez eux, le génie reste confondu avec le limon impur et fétide des temps qui les ont précédés? En effet, quel mêlange de préjugés et de philosophie, d'erreurs et d'observations précieuses, de crédulité moutonnière et de sagacité!

Quoiqu'il en soit, en jetant ce léger coup-d'œil sur le berceau de la Science Grammaticale, je ne me hasarderai point à juger des efforts que les autres peuples modernes ont faits pour créer la Grammaire particulière de leurs langues : c'est aux intéressés à nous en tracer l'histoire : je me contenterai seulement d'observer qu'en général, et pour cette période qui va jusque vers le milieu du long et imposant regne de Louis XIV; on n'apperçoit gueres hors de la France, à cet égard, qu'un silence affligeant et qu'une immense solitude; au lieu que la langue françoise a été l'objet des recherches et de l'étude de mille écrivains, qui forment entr'eux une chaîne non-interrompue, et toujours plus digne d'attention, depuis Ramus qui ne nous a donné que des vues assez vagues, et des observations particulières, et depuis Chifflet qui a comme ébauché notre Grammaire, jusqu'aux remarques de Vaugelas et de Thomas Corneille, et jusqu'à la Grammaire de Reignier, l'auteur qui chez nous mérite le plus d'être consulté, dans cette longue période qui vient de nous occuper, et dont il me paroît faire la clôture.

Deuxième période. L'abbé Reignier avoit consacré de longues années a recueillir les matériaux de sa Grammaire françoise, et à les disposer dans l'ordre le plus parfait qu'il put imaginer : aussi voyons-nous que l'abbé d'Olivet, qui n'a vécu qu'assez long-temps après lui, ne craint pas d'assurer que la Grammaire de cet estimable auteur étoit encore la plus savante qu'il y eût de son temps, malgré le grand nombre de celles qui avoient été publiées dans l'intervalle de l'un à l'autre. Mais ce qui me détermine à la regarder comme appartenant à la première période, c'est qu'elle est encore toute fondée sur les préjugés de l'ancienne routine ; au lieu que la Grammaire raisonnée de Port-Royal, qui, selon moi, ouvre la seconde période, s'étaye sur des bases philosophiques, autant qu'on le pouvoit à l'époque où elle a paru. Je ne parle pas ici de la méthode grecque et de la méthode latine que les mêmes savants nous ont données : quelque précieux que soient ces deux derniers ouvrages, c'est dans le premier qu'ils se sont le plus attachés à rapprocher la Science Grammaticale des principes de la vraie philosophie : c'est donc celui-ci que l'on doit regarder comme le premier ouvrage de ce genre, dans lequel on ait donné à cette science, la forme qui pouvoit le plus l'élever à sa perfection. La Grammaire de Port-Royal en un mot a réellement fait une grande révolution dans la science qui en est l'objet : aussi cet ouvrage sera-t-il long temps encore estimé et recherché par tous les bons esprits.

Je place la Grammaire de Regnier Desmarets dans un ordre antérieur à celle de messieurs d'Arnaud et Lanclot, quoique celle-ci ait été imprimée avant celle-là : mais en ce moment, l'antériorité et la postériorité m'ont paru devoir se décider d'après les progrès de la science, et la marche des principes, plutôt que d'après la succession des années. L'une de ces Grammaires tient aux vieilles opinions, et l'autre nous offre une doctrine nouvelle alors, quoiqu'on puisse féliciter les auteurs d'avoir eu tant à puiser dans la Minerve de Sanctius, qui étoit comme totalement

ment oubliée, et dans les deux ouvrages d'Aristote, sur *l'Interprétation* et sur *la Logique*.

Ce n'est pas que tout soit également juste ou approfondi dans la Grammaire de Port-Royal : arrive-t-il jamais que ceux qui ouvrent une carrière, puissent la parcourir toute entière avec un succès qui ne laisse rien à desirer? Les savants auteurs de cette Grammaire n'ont donc pas pû échapper aux erreurs qui sont toujours inévitables dans la position où ils se trouvoient : malgré tant d'excellents principes, tant de définitions exactes, et d'observations aussi judicieuses que neuves, qui leur ont fait un honneur si bien mérité; on a encore à leur reprocher beaucoup de défectuosités, que leurs successeurs ont cherché à faire disparoître; des passages où l'on retrouve encore la rouille et la routine des Grammaires plus anciennes; et même des articles ou chapitres erronnés ou maigres, et superficiels. Aussi ne réimprime-t-on plus leur Grammaire raisonnée, sans y joindre les suppléments de M. Fromant, et les observations de M. Duclos; deux auteurs qui ont eu assez de mérite pour s'arroger le droit d'ajouter quelques fleurons de plus à la couronne de messieurs de Port-Royal.

Mais avant même que les suppléments de l'un et les observations de l'autre parussent, nous avons eu plusieurs auteurs qui n'ont pas craint de reprendre la Grammaire françoise toute entière sous œuvre, si l'on me permet de m'exprimer ainsi : je ne parle pas du grand nombre de ceux qui n'ont pas été assez philosophes pour faire faire quelques progrès de plus à la Science, quoique souvent ils aient rendu des services réels à leur langue, et à la littérature : je ne parle pas de tant de Grammaires qui, faites pour les enfants, ne sont que de pauvres compilations, et méritent à peine d'être nommées : je ne parle pas de celle du pere Buffier, qui ne travaillant encore que pour la jeunesse, n'a songé qu'à écarter toute recherche un peu philosophique, et ne peut attirer l'attention de l'homme de lettres, que par le morceau où il traite de l'orthographe et de la prononciation : je ne parle pas de tant d'autres Grammaires françoises qui ont eu de la vogue pendant un temps, et qui n'en sont pas moins menacées d'un oubli général ; telles que celle d'un M. Latouche, en deux volumes, où l'on ne trouve à recueillir que quelques détails assez soignés, entremêlés d'erreurs ou de préjugés, qu'il eût été difficile d'éviter à un réfugié françois vivant en Hollande ; et celle de M. Restaud qui a été si recherchée pendant assez long-temps, comme on peut en juger par ses nombreuses éditions, et qui néanmoins n'a pas eu d'autre mérite, quant à la forme, que d'être rédigée par demandes et par réponses ; et quant à la doctrine, que d'être presque entièrement calquée sur la Grammaire de Port-Royal ; mérites dont le premier se réduit à grossir inutilement les volumes, et à fatiguer par des longueurs et des redites puériles ; et dont le second est fort affoibli en ce que M. Restaud a copié toutes les erreurs ou négligences de ses maîtres, chez lesquels il a également tout respecté, sauf deux ou trois passages où se hasardant à voler de ses propres aîles, il n'a su que tomber dans le galimatias et se tromper.

Je ne parlerai pas même de l'estimable M. de Wailly, qui assez hardi pour secouer plusieurs préjugés, et assez attentif pour recueillir avec fidélité, un très-grand nombre d'usages particuliers à notre langue, n'a pas osé néanmoins s'élever à toutes les vérités importantes en cette matière, et a sur-tout manqué de ranger les divers objets dont il avoit à traiter, dans cet ordre simple, facile, et clair, qui est ce qu'il y a de plus rare et de plus essentiel dans les ouvrages de ce genre. Wailly qui a eu comme Restaud, et a plus mérité que lui, la vogue et les nombreuses éditions de sa Grammaire, sera toutefois remplacé à son tour, par celui qui aussi bien instruit que lui, des loix et des usages de la langue, sera plus heureux dans le plan qu'il se tracera, et plus philosophe dans le choix des principes.

La raison pour laquelle je ne regarde point ces auteurs, comme devant figurer dans le tableau dont je présente l'esquisse; cette raison, fondée sur ce qu'ils n'ont influé en aucune manière, au moins directement, sur l'avancement de la Science Grammaticale, doit bien plus écarter de mon travail, tant d'autres ouvrages qui n'embrassent que quelques classes particulières des mots, ou des regles propres à une seule langue; comme, 1°. tant de traités de lecture, de prononciation, et d'orthographe; comme en particulier, et 2°. les mémoires devenus trop rares, du respectable abbé de Dangeau, qui animé du zele le plus ardent, pour le perfectionnement de la langue françoise, a consacré sa vie entière à cette seule passion; mais qui trop modeste, ne s'est occupé que des voyelles, des consonnes, de la prononciation, des prépositions, et des particules; de sorte que l'on peut dire qu'il seroit difficile de mériter de sa nation, par de grandes choses, plus qu'il n'a su le faire par les soins qu'il a mis aux petites choses, dans le cercle desquelles il s'est renfermé; et comme 3°. les deux traités de l'abbé d'Olivet, sur les participes des verbes françois, et sur notre prosodie; traités bien dignes sans doute d'être aussi recherchés qu'ils l'ont été et le sont encore, mais très-étrangers aux principes fondamentaux de la Science Grammaticale; c'est-à-dire, à la partie philosophique, que le savant et laborieux d'Olivet, doué d'ailleurs d'un sens droit et juste, n'aimoit pas, et ne pouvoit servir.

Je me persuade que vous aurez peu de peine à me pardonner d'avoir placé comme hors de la ligne que j'ai à suivre, les différents auteurs que je viens de nommer : mais quelle ne sera pas votre surprise, et peut-être votre indignation, si je vous dis que j'en use à-peu-près de même, envers Court de Gébelin et l'abbé de Condillac ? Veuillez au moins m'entendre, avant de me condamner !

Il n'est personne parmi ceux qui ont lu les ouvrages de Court de Gébelin, et sur-tout parmi ceux qui l'ont connu, qui ne m'applaudisse lorsque je le désignerai par les deux mêmes qualités que je viens d'accorder à l'abbé d'Olivet, en le qualifiant d'homme savant et laborieux. L'auteur du monde primitif, a eu de plus, ainsi que le traducteur de Cicéron, des vues louables, et les talents qui tiennent à un style coulant, facile, et nourri: on y remarquera la seule différence, que l'académicien est plus naturel, et que l'ancien pasteur est plus animé et plus oratoire. Quant à la nature de leurs ouvrages, relativement à la Grammaire, le second a conçu un plan bien plus vaste que le premier : il a véritablement eu le projet de nous donner un corps de doctrine complet et philosophique : cependant, soit qu'il n'ait pas eu le génie créateur, soit qu'il ait été trop distrait ou absorbé par les autres branches de son ouvrage, où la Grammaire n'entroit, pour ainsi dire, que comme une partie subordonnée, on voit qu'il n'a su ou voulu que rassembler tout ce qu'on avoit dit de mieux avant lui sur la Grammaire philosophique : ainsi en nous donnant un recueil très-précieux par l'ensemble de tout ce qu'il contient, il ne nous a donné de son propre fonds, que le style, la rédaction, et la méthode. C'est beaucoup, je suis loin de le nier ; mais ce n'est rien pour l'avancement de la Science.

L'abbé de Condillac, plus philosophe que tous ceux qui précedent, et philosophe d'un ordre supérieur, était bien fait pour porter à un haut degré de perfection, la Science Grammaticale, s'il s'en étoit plus essentiellement occupé : mais il semble n'avoir songé à en parler, que pour compléter le cercle de ses œuvres : il semble ne s'être avisé que tard d'y penser, ou du moins n'avoir examiné cette science que superficiellement. Un coup-d'œil superficiel de la part d'un homme comme Condillac, doit encore contre-balancer les plus profondes méditations de beaucoup d'autres : mais ce n'en est pas assez pour répondre à la réputation d'un auteur si célebre. Condillac, parmi un grand nombre de principes vrais, et déjà reçus chez les Grammairiens distingués, nous offre dans sa Grammaire, des lacunes, des vides, des erreurs qui étonnent ceux qui sont les plus dignes de l'apprécier. Il se permet souvent de fronder les Grammairiens qui l'ont précédé, et ne supplée point aux défauts qu'il leur reproche ; essentiellement philosophe dans tous ses écrits, il reste ici au-dessous de ce qu'il pouvait être, et ne fait rien d'assez important pour la science, si vous en exceptez ses opérations analytiques, que pour l'ordinaire il applique si heureusement.

Mais j'apperçois de plus grands services rendus à la Grammaire philosophique, par les auteurs que je crois devoir placer à la suite de MM. de Port-Royal, je veux dire, par l'abbé Girard, auteur des synonymes, et membre de l'académie française, par Dumarsais, philosophe rare, et qui avait tant de titres pour être de la même académie, par M. Beauzée, académicien comme le premier, et successeur du second dans l'entreprise si brillante de l'Encyclopédie; et par M. de Brosses, qui ne fut que magistrat respecté, et savant aussi modeste que profond. Ce sont là, selon moi, les écrivains à qui la Grammaire philosophique a les plus véritables obligations, et qui méritent d'être cités comme appartenant à la seconde période de l'histoire de cette science. Tâchons de saisir l'idée qu'il convient de donner de chacun d'eux à la jeunesse.

Les vrais principes de la langue françoise par l'abbé Girard, sont, dit-on, un peu déparés par les affectations d'un style souvent maniéré et recherché; on ne peut nier que ce reproche ne soit fondé : mais qu'est-ce que ce défaut qui ne tient qu'à la forme, en comparaison de la beauté du plan que cet auteur a suivi, et qu'il a puisé dans son sujet même; en comparaison de la marche aisée et naturelle des matières qui entrent dans son ouvrage; en comparaison de la justesse et de la précision de la plûpart des divisions, des définitions, et des principes qu'il nous y présente; en comparaison enfin de la convenance de presque toutes les regles qu'il en déduit, et même de l'agrément dont il a su assaisonner un grand nombre des exemples qu'il rapporte à l'appui de ses regles? Quelques auteurs lui font encore un crime de sa nomenclature, qui souvent est toute neuve : mais il est plus aisé de blâmer ainsi d'une manière générale et vague, un écrivain qui s'écarte de la route ordinaire, que de prouver qu'il a eu tort : les mots techniques que l'abbé Girard a employés et qui sont de son invention, sont presque tous tirés de la nature même des choses, et justifiés par une heureuse analogie. On auroit peine à nous dire comment un auteur perfectionneroit une science, sans en changer plus ou moins la langue.

Les vrais principes de la langue françoise ont assez de mérite enfin, pour que plusieurs Grammairiens soient venus y puiser les ouvrages qu'ils ont donnés au public, et se soient fait honneur, quelquefois même sans daigner le citer, du fruit de ses méditations et de la sagacité rare, fine, et profonde de son esprit. Je ne crains pas de vous avouer que j'estime cette Grammaire, au point que je la place sur la première ligne, parmi celles où l'on ne s'est proposé de traiter que de la langue françoise seulement. Je dois ajouter néanmoins qu'il y a encore plusieurs articles foibles ou erronnés : d'ailleurs en la considérant comme l'une des mieux raisonnées que nous ayons pour les langues prises en particulier, je sens que par là même elle ne peut être comptée au nombre des Grammaires utiles à toutes les langues ; et qu'à ce dernier égard elle ne peut être que d'un secours indirect, ou partiel, et insuffisant. Elle peut infiniment servir à celui qui voudra nous créer une Grammaire philosophique, telle que nous l'entendons aujourd'hui : mais elle n'est point cette Grammaire.

Doué d'un esprit observateur et réfléchi, d'un esprit naturel autant que juste et solide, Dumarsais nous a laissé un certain nombre d'articles de Grammaire, qu'il avoit rédigés pour la première édition de l'Encyclopédie. On ne peut le lire, sans se convaincre, que personne peut-être n'auroit plus approché que lui, du terme de perfection que l'on s'étoit proposé d'atteindre, dans cette immense collection, s'il avoit assez travaillé pour nous donner la Grammaire importante dont il avoit conçu l'idée : on aura donc toujours beaucoup à regreter que la mort l'ait enlevé aux lettres, avant qu'il ait parcouru la carrière qu'il s'étoit ouverte, et qu'il n'ait pas eu le temps de revenir sur ce qu'il avoit déjà fait. En effet, sa Grammaire est loin d'être complette ; il n'en a pas même écrit la moitié ; et dans les articles qu'il nous a donnés, il y a bien des passages où le lecteur instruit et attentif ne peut que s'assurer que cet auteur y auroit fait des corrections essentielles, s'il y étoit revenu après avoir travaillé tous les autres articles : la nécessité d'établir un juste accord entre tous les points de sa doctrine, et de se renfermer par-tout dans les bornes précises de ce qui est utile et vrai, l'auroit amené de lui-même aux changements dont je parle, et à des transpositions ou additions également convenables, même dans son excellent Traité des Tropes. M. Dumarsais a assez fait pour sa gloire, en ce qu'il a prouvé qu'il avoit à un haut degré les connoissances et les talents qu'une Grammaire philosophique peut requérir : mais outre les lacunes dont on vient de parler, il n'a gueres eu en vue que la langue latine et la langue françoise ; et c'est pour toutes ces raisons, que ce que l'on appelle sa Grammaire, n'est point encore la Grammaire philosophique que nous desirons.

Beauzée, successeur de Dumarsais pour l'encyclopédie, a été également instruit et laborieux, simple dans ses mœurs, modeste de caractere, exact dans son style, réfléchi et persévérant dans son travail, bon logicien, et réunissant à l'avantage d'avoir donné plus de temps à son travail, celui de pouvoir profiter des vues et des recherches de son prédécesseur. On peut ajouter à tous ces traits, que Beauzée, plus soigné sans cesser d'être naturel, porte ses observations sur bien d'autres langues que celles auxquelles MM. de Port-Royal et Dumarsais avoient borné les leurs; et que d'ailleurs sa philosophie est plus moderne, si l'on peut me pardonner de parler ainsi : Dumarsais étoit bon logicien et excellent métaphysicien sans le dire, et sans paroître s'en occuper : Beauzée l'est aussi; mais il semble s'en être fait un objet capital; on diroit qu'il cherche même à nous l'annoncer. Le premier est quelquefois négligé, ou insuffisant : il y a même des moments où il n'est que routinier, et ne fait que rapporter la doctrine de ses devanciers; au lieu que le second est toujours lui-même, jusques dans les morceaux où l'on peut lui reprocher quelques erreurs.

Ce qui acheve de placer Beauzée au-dessus de Dumarsais, en ne considérant que les services que tous deux ont rendus à la science, c'est que la Grammaire de celui-ci n'est, pour ainsi dire, qu'un échantillon; et que celle de celui-là est un ouvrage entier, dans lequel il seroit long ou difficile de calculer de combien de divisions exactes, de définitions heureuses ou justes, et d'observations importantes et variées, il a enrichi la Grammaire philosophique. C'est d'après tous ces faits, que Beauzée est, à mes yeux, un des premiers Grammairiens que nous ayons à citer ici; quoique la bonhommie de son caractere, la modicité de sa fortune, et sa qualité d'académicien, l'ayent en général un peu trop plié aux révérences que les jetonniers croyoient devoir prodiguer aux grands seigneurs leurs confreres; et quoiqu'on puisse quelquefois le trouver un peu long dans les détails, un peu recherché dans ses citations, en un mot un peu prodigue de hors d'œuvres.

Le président de Brosses, plus savant encore que tous ceux qui précèdent, et non moins modeste ou simple que Beauzée, mais plus homme de génie, a plus directement et peut-être plus essentiellement contribué qu'eux tous, aux progrès de la Grammaire philosophique, en publiant son Traité de la formation méchanique des Langues, ouvrage étonnant et précieux par les vues qu'il renferme, par les connoissances qu'on y découvre, et par la multitude des objets de méditation qu'il offre presque à chaque page. Le Traité du président de Brosses n'est point une Grammaire ; on est même scandalisé des négligences ou des fautes de style que l'on y rencontre très-souvent : mais en paroissant se borner à rechercher les premiers élémens du langage, il offre par-tout des idées neuves et très-importantes : par-tout il pose les vrais fondements de la Science que tant d'autres ont voulu nous donner : ce n'est enfin qu'en le suivant dans un grand nombre d'articles, et qu'en méditant avec lui et d'après lui, que nous parviendrons à une véritable Grammaire philosophique.

Tels sont les auteurs aux ouvrages desquels il me semble que l'on doit sur-tout s'attacher, lorsque l'on veut consacrer ses veilles à l'étude de la véritable Science Grammaticale : je ne vois à y ajouter bien essentiellement, que les Dictionnaires les plus estimés et les plus complets, et quelques auteurs étrangers dont je ne parle pas, parce qu'ils sont étrangers, et que je ne pense pas devoir prendre sur moi de les juger.

Troisième période. Je ne m'arrêterai point ici à tracer ou à développer le point précis de perfection auquel la Science Grammaticale est actuellement parvenue : on peut en juger d'après ce qui précede. Je n'examinerai point quelles sont les obligations que nous pouvons avoir aux auteurs vivants, ou les espérances qu'il nous donnent, parce que je n'imagine point qu'il m'appartienne ou me convienne de les juger ; et d'anticiper sur la justice que la postérité aura à leur rendre. Je me bornerai de cette sorte à rechercher ce qu'il est à desirer qu'ils fassent, ou mieux, ce qu'il est naturel et juste d'en attendre. Je ne m'occuperai principalement que de ce qui nous manque encore relativement à la Grammaire philosophique, en la considérant en elle-même, et sans s'astreindre aux loix de telle ou telle langue, si ce n'est pour y puiser quelques exemples qui jetent un jour plus lumineux sur les principes généraux. Lorsque nous aurons rempli cette tâche, il nous sera facile en terminant cette discussion, peut-être déjà trop longue, d'indiquer comment on pourra le mieux perfectionner la Grammaire particulière de quelque langue que ce soit.

La Grammaire philosophique que l'on a si mal à propos nommée Grammaire générale, n'est essentiellement et ne peut être au fonds, qu'une seule et même chose avec la métaphysique et la logique : nos auteurs les plus estimables ont senti cette vérité ; et jusqu'ici tous ont successivement travaillé, et toujours plus directement à la faire sentir aux autres : mais malgré tout le soin qu'ils ont mis à s'approcher ainsi du véritable but, ils ne l'ont cependant pas encore atteint. C'est donc à quoi l'on doit sur-tout s'appliquer à l'avenir. Je n'ai pas besoin de m'arrêter ici plus long-temps sur cet objet, après tout ce que j'en ai dit dans le cours de ma Grammaire, que l'on peut considérer comme un essai à cet égard.

Quand on sera parvenu à fondre ces trois sciences en un seul corps de doctrine, il faudra tourner toute son attention vers le choix du plan qu'on aura à suivre : le plan est la partie la plus importante en cette matière, si du moins on présuppose déjà la vérité des principes : il faut que l'on parvienne à placer les choses assez heureusement, pour que la marche de l'ouvrage soit toujours extrêmement simple, naturelle, et facile, quelque étendu et quelque compliqué que soit le sujet; pour que de plus on n'ait jamais besoin de discuter ou de développer un même point en plusieurs endroits; et pour qu'enfin le lecteur attentif apperçoive toujours sans peine et d'abord, en quel chapitre ou article il sera sûr de trouver la décision, la règle, le développement qu'il aura à rechercher et à vérifier. C'est-là une sorte de perfection qui est très-desirable dans tous les ouvrages didactiques, mais qui est sur-tout essentielle en ceux où il s'agit de Grammaire : car ici l'étude que l'on a à faire est déjà par elle-même si épineuse, elle est si naturellement embarrassée et abstraite, si chargée de détails, d'exceptions, et d'exemples, qu'on n'y peut trop sacrifier à la clarté, et trop s'attacher à écarter cette source de dégoût et de fatigue qui naît des déplacements, de la confusion, et des redites. Lorsqu'il s'agit de choses usuelles d'une part et systématiques de l'autre, de choses que nous n'apprenons que pour les mettre en pratique, et que nous ne pouvons bien apprendre qu'en remontant aux principes les plus philosophiques, peut-on se flatter d'en avoir traité d'une manière utile, et dans un corps de doctrine convenable, lorsque par le désordre où on les présente, on ne fait en quelque sorte qu'en accroître les difficultés ?

Les auteurs de Port-Royal, messieurs Fromant et Duclos, qui ont beaucoup ajoûté au mérite foncier de la Grammaire raisonnée; Girard, Dumarsais, et Beauzée, tous ont été assez heureux pour enrichir la Science Grammaticale d'un grand nombre de définitions neuves et parfaitement exactes : cependant le champ qu'ils ont si bien cultivé, n'est pas encore entièrement défriché à cet égard. Il nous reste à soumettre à un nouvel examen, et à une discussion sévere, toutes les notions fondamentales et élémentaires qu'ils nous ont transmises; il nous reste à remplir plusieurs lacunes, et à corriger plusieurs erreurs auxquelles ils n'ont pu échapper : il nous reste enfin à lier les vérités dont nous leur sommes redevables, et celles par où nous en compléterons le cercle; il nous reste, dis-je, à les lier de maniére à les présenter dans un accord satisfaisant et dans une consonnance parfaite. Sans toutes ces précautions, on espéreroit en vain de pouvoir remplir les vues indiquées ci-dessus. Que peut-on faire de bien si l'on n'a pas toujours la vérité pour guide et pour appui? Une seule erreur dans le corps d'une science, suffit souvent pour détruire l'édifice tout entier : le moins qui puisse en résulter, c'est qu'elle le dépare : mais lorsqu'il s'agit de connoissances exactes, tout ce qui dépare, nuit toujours essentiellement.

On trouve à recueillir dans la totalité des Grammaires que nous avons, une quantité étonnante de détails très-précieux sur les regles et les usages des langues : beaucoup d'autres auteurs très-dignes d'être connus, nous offrent également des observations qu'il importe de ne pas négliger : c'est en profitant de toutes ces ressources, que l'on parviendra à rassembler, dans un ordre parfait, des définitions justes, des divisions exactes, des principes évidents, des regles précises, des détails lumineux; et à former enfin un ouvrage utile et cher à tous les bons esprits.

On supposera sans doute qu'il entre nécessairement dans les vues que je propose, non de tronquer les diverses parties de la Grammaire, mais de les simplifier par la méthode que l'on suivra. On pourroit m'imputer une toute autre pensée que celle que je veux énoncer en ce moment, si je disois qu'il faut chercher a abréger presque toutes les parties de la Grammaire; parce qu'on se persuaderoit que je demande qu'on réduise une science à des généralités toujours vagues, et qui sont toujours insuffisantes lorsque sur-tout il s'agit d'instruction pratique : cependant il est vrai, si je ne me trompe, que l'on peut singulièrement abréger toute doctrine, quelle qu'elle soit, lorsque l'on découvre des méthodes plus simples. Je suis persuadé, par exemple, que l'on peut raccourcir de près des deux tiers, tout ce qui concerne les conjugaisons, sans que les éleves puissent y rien perdre. Ce que je dis des conjugaisons, je le dirois proportionnellement de plusieurs autres articles, si mon objet actuel me permettoit de descendre à ces sortes de détails.

Quand on aura donné aux nations civilisées, la Grammaire philosophique dont nous venons de tracer l'esquisse, rien ne sera plus facile ensuite que de rédiger nos Grammaires particulières et usuelles, de manière à les rendre également utiles, faciles, régulières, et complettes : les regles qu'elles auront à prescrire, les exceptions qui y sont inévitables, les usages qu'elles doivent faire connoître, et même les idiotismes, les anomalies, les licences, et les formes singulières par où les langues se distinguent et se caractérisent, viendront sans peine et comme d'elles-mêmes, se placer à la suite des branches auxquelles elles peuvent appartenir. Ainsi tout sera clairement expliqué et facilement saisi et connu : il n'y aura ni doutes, ni obscurité sur aucun point : rien ne sera équivoque ou arbitraire : dans le parallele que l'on aura lieu de faire de diverses langues, nulle d'entr'elles ne pourra se soustraire aux reproches qu'elle méritera : nulle n'aura à craindre qu'on lui conteste ses véritables avantages : justice sera faite de toutes parts; et ce ne sera qu'avec connoissance de cause, que l'on pourra préférer l'une de ces langues aux autres.

Je ne m'arrêterai point à indiquer combien la littérature, les sciences, et les arts auront à gagner à ces sortes de Grammaires; ou combien le goût y puisera de puissants secours pour se perfectionner et se soutenir : quel lecteur pourroit concevoir des doutes à ce sujet? Qui pourroit douter de l'utilité vraiment générale de la Science Grammaticale ainsi perfectionnée? La raison humaine, la philosophie, la société, la morale ne se forment qu'à l'aide du langage : c'est du langage épuré que nous apprenons dès la jeunesse, à connoître et à chérir la précision dans les idées, la clarté et la justesse dans les raisonnements, la liaison et l'évidence dans les principes; en un mot, la vérité, la méthode, et l'habitude de ne jamais s'en écarter.

DE L'HISTOIRE DES LANGUES.

On peut se proposer de faire l'histoire des langues en général, ou seulement l'histoire d'une langue prise en particulier : comme ces deux objets conduiroient à des ouvrages bien différents, je vais, mon cher ami, vous présenter quelques observations sur l'un d'abord, et sur l'autre ensuite.

De l'Histoire des Langues en général, ou mieux, du langage.

Pour tracer cette sorte d'histoire, il seroit nécessaire de commencer par montrer comment les hommes ont le plus naturellement dû se former une langue primitive : c'est un article sur lequel je ne m'arrêterai point ici, parce que j'en ai suffisamment parlé dans mon introduction, numéro 6, 7, 8 et 9. Ainsi je me transporte d'abord à l'époque où une langue est assez avancée pour pouvoir produire quelques ouvrages; et ce sera en partant de ce point, que je ferai successivement quelques observations sur l'histoire et la marche des langues, 1°. relativement à la poésie, et 2°. relativement à leur véritable formation ou plus parfait développement. Je n'aurai point à faire un article particulier pour traiter de leur décadence, vû que l'on trouvera dans les deux articles que j'annonce, tout ce qu'il importe le plus d'observer à cet égard.

ARTICLE PREMIER.

De l'Histoire et de la marche des Langues relativement à la Poésie.

Dans la recherche dont je vais m'occuper, je crois ne devoir point recourir à l'autorité des faits historiques, pour prouver l'opinion que j'adopte : ce genre de preuves nous entraîneroit à trop de longueurs, outre que les faits historiques peuvent facilement

facilement être contestés. Si j'annonce, par exemple, que les livres des anciens Hébreux n'ont été que des poëmes ; si je redis d'apres les Historiens, que Phérécides de Scyros, qui fut maître de Pythagore, et qui vivoit vers 560 ans avant J. C., est le premier auteur Grec qui ait écrit en prose, etc., etc., ne me répondra-t-on pas que ces sortes de faits ne sont pas assez à l'abri de toute chicanne, pour nous fournir eux-mêmes des preuves suffisantes? D'ailleurs, quand même on les recevroit comme incontestables, ces faits auroient encore le défaut de nous laisser dans la plus profonde obscurité sur leurs véritables causes. Ç'en seroit peut-être assez pour une vaine curiosité : ç'en seroit trop peu pour celui qui ne prise l'instruction qu'autant qu'elle est utile. J'aime donc mieux m'appuyer sur les considérations qui naissent de la nature des choses, et nous éclairent tout à la fois sur les causes et les effets, en même temps qu'elles levent tous nos doutes sur les faits, sans même avoir à les citer.

La première vérité, la vérité fondamentale à laquelle je ne pense pas que l'on puisse refuser son assentiment, c'est que dans l'étude des premiers âges d'une langue primitive, et dans l'examen de ses premiers développements, on voit évidemment que les premiers ouvrages qu'elle sera en état de produire, auront pour caractères bien marqués, 1°. une grande énergie, et de vives images dans les mots, qui n'auront encore rien perdu de l'analogie d'après laquelle ils auront été formés ; 2°. une grande liberté dans la syntaxe, les langues n'étant bien fixées et séveres à cet égard que, dans leurs dernières époques ; 3°. des phrases courtes et désunies, les conjonctions et le style périodique ne pouvant appartenir qu'à des peuples déjà fort instruits ; et 4°. des sons distincts et pleins de force, mais encore peu nombreux, ce qui doit conduire à des refrains. Or je demande si tous ces traits peuvent convenir à d'autres ouvrages qu'à des ouvrages poétiques ; d'autant plus qu'il est certain qu'alors, l'écriture sera encore inconnue ou très-imparfaite et très-difficile ; que l'on aura encore peu d'idées abstraites ; que l'on ne sera riche qu'en images et qu'en sentences ; que l'on prêtera naturellement des ames à tous les corps, des corps à tous les esprits, et même aux dieux, et enfin une existence réelle à tout ce que l'on concevra ?

Il suit de ces premières observations si bien fondées, qu'en général il n'est pas vrai que la poésie ait été le fruit de l'art ; puisqu'au contraire elle n'a été qu'un résultat naturel de la marche de l'esprit humain, des premiers développements de nos facultés, et de la formation successive du langage. Mais il se présente ici une autre recherche bien plus importante à faire : c'est de deviner ou de découvrir ce que sera la poésie à cette époque brillante, et ce qu'elle deviendra ensuite.

Sous l'empire du besoin, l'esprit ne va gueres au-delà du nécessaire ; au lieu que lorsqu'une fois il est affranchi de cet assujetissement rigoureux, il s'échappe et bondit dans les vastes contrées de l'imagination : avide de nouveautés, enflammé par la passion toute neuve de connoître, accumulant ce qu'il voit avec ce qu'il a vu, et avec ce qu'il cherche à voir, il se livre au goût des métaphores, des allusions, de toutes sortes de termes figurés : c'est-là, ainsi que nous venons de le dire, le moment du poëte et le triomphe de la poésie, qui ne peut manquer alors de multiplier les prodiges, et de mériter le nom de langue des Dieux.

Cependant l'art de la parole acquiert un peu plutôt ou plus tard, une régularité sensible et respectée, et une abondance de mots plus ou moins générale ; seconde époque, qui manifeste dans la langue, les progrès et le perfectionnement dont son génie et son état antérieur l'avoient rendue susceptible : mais par malheur, le bien n'est trop souvent chez nous, qu'une enveloppe du mal. Bientôt, la culture des sciences et une émulation très-active pour les connoissances nouvelles, ameneront, avec beaucoup de termes précédemment inconnus et presque toujours étrangers, avec des tours ou montones, ou gênés, des écarts propres à troubler les esprits, ou à égarer les talents et le bon goût ; troisième époque aussi funeste, que la précédente a pû être heureuse.

Si nous voulons suivre dans quelques détails, les causes de cette sorte d'altération qui prépare ainsi de loin la décadence des langues, nous nous arrêterons premièrement sur le grand nombre de termes abstraits que l'on imaginera, tant pour les êtres moraux, que pour nos conceptions intellectuelles : ces termes souvent arbitraires et sans physionomie, plus souvent encore fondés sur de fausses dérivations, formeront dans la langue, une masse égale à celle des noms physiques ; et cet inconvénient sera d'autant plus grave, qu'on ne voudra y voir qu'un avantage très-précieux ; c'est-à-dire, que la langue en sera réputée beaucoup plus riche ; tandis qu'elle n'y aura gagné qu'une dépense en superflu, qui excédera celle du nécessaire, et qui de plus sera mal ordonnée.

Nous remarquerons en second lieu, que dans cette admission inconsidérée de tant de mots nouveaux, mille circonstances passagères et bientôt oubliées, introduiront chaque jour dans nos idiômes, des manières de parler qui seront fausses ou inintelligibles. Le commerce, des usages nouveaux, et de nouvelles mœurs, un autre ordre de choses et d'autres opinions, des événemens publics ou particuliers, produiront des mots, qui, pour l'ordinaire, détruiront l'unité et l'analogie. D'ailleurs, les mœurs, les usages, et les opinions varient, les choses changent, les événements perdent tout intérêt, et s'oublient; et les mots restent dans la langue, pour n'y avoir plus aucune force, aucune vérité intrinseque. L'homme et la nature agissent ainsi en sens contraires : la nature travaille sur les choses, conformément à ses loix; et l'homme, sur les idées qu'il s'en fait, et sur les noms qu'il y attache, conformément à la foiblesse de ses moyens, et selon l'influence de tout ce qui l'entoure; c'est-à-dire, que l'une agit en maître tout puissant et libre, et l'autre en esclave impuissant, aveugle, et maladroit.

En troisième lieu, nous dirons qu'à force de varier les différents sens des mots, on en affoiblit, on en efface peu à peu la valeur propre et primitive; que l'acception en devient vague et indéterminée; et qu'à travers le labyrinthe des idées analogues et disparates ou opposées auxquelles ces mots se prêtent, la filiation s'en obscurcit, et que la race en dégénere. Nous dirons encore que dès-lors les racines des mots n'offrent plus de caractère qui les soutienne; qu'elles tombent en discrédit, et disparoissent insensiblement sous les altérations que subissent les mots anciens, et par l'introduction des mots nouveaux. Nous dirons que de cette sorte, il devient toujours plus difficile de retrouver la généalogie des mots dérivés, lors même que les racines n'y sont pas entièrement défigurées par le mélange des sons accessoires; parce que, à la suite de tant d'anomalies, et les racines et les mots sont à la fin jetés dans de si grands écarts, qu'ils se trouvent également chargés de signifier les choses les plus contraires. Dans cet état, comment après une marche si bisarre de la langue, deviner la trace des mots, et la route qu'ils ont suivie? comment ressaisir la cause raisonnable de la première imposition des noms, lorsqu'il y a une si grande disconvenance entre les objets qu'ils sont en dernier lieu chargés de peindre, et les sons qu'on emploie à cette peinture? comment enfin appercevoir l'analogie des idées dans l'analogie des expressions, lorsque cette dernière analogie a été détruite par tant de saillies de l'esprit humain, toujours plus capricieuses et plus irrégulières les unes que les autres?

Un fait important qu'il ne faut pas oublier ici, c'est que dans cette décadence des langues, la prononciation s'altere en même temps que la valeur des mots : car à force d'exercer les organes de la voix, on rend ces organes toujours plus souples et plus précis; on multiplie les sons qui y appartiennent, où l'on veut transformer en classes distinctes, des nuances même les plus légères : les mots n'y ont plus l'air mâle qui les caractérisoit : le parler devient maniéré, et assorti à des délicatesses minutieuses et fades; et tandis que les uns veulent écrire comme on parle, et que les autres veulent parler comme on écrit, on dépasse toutes les bornes; les dérivés de dérivés se trouvant trop allongés amenent les abréviations, qui le plus souvent écartent les voyelles et conservent les consonnes, dans lesquelles on trouve une plus grande résistance : ces abréviations achevent de dénaturer le langage, et le rendent sourd, dur, et rocailleux : les terminaisons sur-tout se corrompent : ainsi tout se brouille;

plus d'accord, plus d'uniformité : ce n'est plus richesse ; ce n'est plus luxe ; c'est confusion, dissipation, et une ruine totale, qui ne laisse plus à attendre que de nouvelles langues.

Nous n'oublierons pas d'observer qu'à l'époque où les mots commencent à perdre de leur physionomie primitive, la syntaxe devient ordinairement régulière, uniforme, asservissante et rigide sur presque tous les points de son code; ce qui donne à la langue une marche compassée et gênante, qui acheve de fatiguer et d'épouvanter les muses. La poésie a besoin de force et d'énergie : elle est naturellement vive ; elle se complait dans la variété ; elle veut donc être libre : elle cherche à embrâser plutôt encore qu'à éclairer : guidée par l'imagination et par le sentiment, elle se refuse à tout ce qui tend à la contraindre dans ses épanchements et dans ses essors. Ce seroit bien en vain qu'on espéreroit de pouvoir la retenir et la faire briller au sein d'une métaphysique sérieuse, sévère, et desséchante, qui ne veut que raisonner, disserter, éplucher, et discuter : si la poésie n'a pas une grande liberté dans la syntaxe, et beaucoup d'énergie dans les mots, elle languit et expire ; tandis que la prose philosophique s'accommode très-bien de mots arbitraires, pourvû que le sens en soit déterminé avec précision par l'usage, ou par quelque sorte de convention, et pourvû que de plus il lui soit facile de suivre une marche parfaitement régulière.

Cependant il peut arriver que la gloire acquise par les poëtes antérieurs soutienne encore le goût de la poésie, long-temps après que les causes qui l'auront fait naître, auront cessé d'exister : telle est, du moins en partie, l'origine de ce qu'on appelle le *goût oriental :* l'esprit, l'imagination, le génie de plusieurs nations issues les unes des autres, et plus ou moins voisines, se montent et se soutiennent sur ce ton devenu antique, bien que les succès ne puissent plus être les mêmes, et que les bons esprits s'accordent à regarder ce ton comme peu naturel et hors de saison.

On n'étendra pas sans doute les observations que nous venons de faire, jusqu'à en conclure que deux langues dussent être autant ou aussi peu poétiques l'une que l'autre, par celà seul qu'elles seroient toutes deux à égale distance de leur première origine. Outre mille autres causes très-capables d'y mettre des différences essentielles, le climat et l'esprit du gouvernement influent toujours beaucoup sur les talents, sur les mœurs, sur les goûts, et les langues. Le gouvernement peut avoir des principes qui nourrissent et échauffent l'imagination, qui développent l'idée du beau et l'amour du vrai, et qui donnent à l'ame une élévation, une noblesse, une énergie qui se communique à ce que l'on fait, à ce que l'on pense, et à ce que l'on dit. Mais chez un peuple encore voisin de la barbarie, ces principes portent moins à faire chérir les bonnes choses, qu'à faire admirer les choses extraordinaires, hardies, et difficiles; ce qui peut-être nous a valu les héros d'Homere, et Homere lui-même. Ajoutez à ces mêmes principes, un climat doux et varié, les images seront agréables et belles, les expressions sonores et fleuries; les plaisirs y régneront avec les ris et la liberté; les sentiments y seront purs, et délicats; les pensées naturelles et vraies; et enfin l'harmonie y secondera tous les vœux des muses.

Mettez ici en opposition, un peuple dont tous les principes moraux tiennent au mobile de l'intérêt et de la fortune, par exemple : n'est-il pas évident qu'il ne s'y agira que de calculs et d'économie? que l'on n'y sera en général que grave, prudent, patient, et circonspect? qu'on n'y parlera qu'une langue simple et dénuée d'agrements; et que l'esprit n'y sera que juste, réfléchi, attentif, et solide? Supposez de plus que ce peuple habite un pays marécageux, et respire un air épais et froid : n'est-il pas certain que les savants y seront bien plutôt des compilateurs volumineux que des poëtes distingués?

Après cet écart, qui m'a paru nécessaire, et qui auroit pu s'étendre fort loin, je passe aux conséquences que j'ai à tirer de tout ce qui précede. La première de ces conséquences, est que plus les langues sont philosophiques, moins elles sont favorables à la poésie : car c'est sur la syntaxe sur-tout que la philosophie exerce son influence, puisque c'est la philosophie qui en découvre et fixe les bases, et qui en rend les regles austeres et inflexibles. Contentes d'aller au but qu'elles se proposent, les muses aiment à ne point se gêner sur la route ; et à surprendre ceux qui les observent : delà leurs écarts inattendus, et leurs digressions adroites : il leur faut par conséquent pour disciples des esprits souples et flexibles, aussi bien que hardis : comment pourroient-elles se rendre accessibles au génie simple, méthodique, roide, et severe de la philosophie? Rien n'est donc mieux fondé que l'opinion de ceux qui ont pensé que la philosophie ne peut que dépouiller la poésie de ses graces, et éteindre son feu. Je sais que le poëte doit toujours consulter la raison : mais cette raison est loin de se confondre avec les méthodes analytiques et les discussions, avec les abstractions, et la marche lente auxquelles la philosophie attache tant de prix. Si l'on m'oppose les grands hommes qui aujourd'hui encore surmontent les obstacles dont je parle, je dirai que les mêmes vers auxquels nous applaudissons le plus, à cause de leur énergie, de leur aisance, et de leur beauté, ne seroient peut-être qu'une prose foible et traînante à nos yeux, si nous avions une langue beaucoup plus libre, plus énergique, et plus harmonieuse.

Une autre conséquence à déduire de nos observations, c'est que les plus grands poëtes ont vécu, au moins chez les peuples connus, dont les langues sont plus éloignées de leur origine, que ne l'étoient à leurs époques brillantes, la langue grecque et la latine. Nous concluerons enfin que si la poésie est la langue de l'adolescence de la société, on pourroit en général appliquer aux peuples qui sont parvenus à l'âge mûr, ce que Gresset a dit de l'homme individuel, que sans un peu de folie, on ne rime plus à trente ans.

Ai-je besoin d'avertir que je ne parle ici que des qualités qui, dans les langues, forment et caractérisent la véritable poésie du style? Les sujets qui sont poétiques par eux-mêmes, le sont chez tous les peuples; aucune langue ne peut en détruire ou changer la nature; et il sera toujours et par-tout également honorable de les discerner, et de savoir les présenter sous une forme heureuse. De même, tout ce qui donne au discours une marche mesurée et régulière, une sorte de rithme, et de cadence; tout ce qui y répand une mélodie ou une harmonie que la prose n'a pas; tout ce qui seme dans ce que l'on dit, plus d'esprit, plus de délicatesse, plus de chaleur que nous n'avons coutume d'en retrouver ailleurs; toutes ces sources d'agréments et de beautés, et tant d'autres encore qu'il n'est pas de mon sujet de développer, doivent sans doute beaucoup valoir à nos yeux : nous sommes fondés à y attacher un très-haut prix, du moins lorsqu'on en fait un emploi convenable. Mais rien de tout celà ne tient intrinsequement ou essentiellement à la poésie du style, c'est-à-dire, aux propriétés qui rendent les langues éminemment poétiques. Toutes les pièces de vers qui n'ont pour objet qu'une seule pensée, ou qu'un seul mouvement de l'ame ; toutes celles qui n'exigent que de la naïveté, du naturel, de la légereté, une sorte de badinage doux et modéré, et qui ne tendent qu'à nous insinuer quelques maximes de morale intéressantes ou piquantes ; toutes celles qui tirent leur principal mérite du choix et de l'ordonnance du sujet, de la convenance des incidents, de la marche et des développements de l'action, de l'intérêt qui résulte de toutes ces causes, et s'accroît jusqu'au dénouement ; tant d'autres genres encore peuvent toujours obtenir de très-grands succès dans toutes les langues, et chez tous les peuples où l'on ne méconnoit point les principes et les regles du bon goût, et d'où les grands talents n'ont pas disparu. Mais tous ces succès ne peuvent-ils pas être indépendants des qualités poétiques de la langue? Je ne crois certes pas que ces qualités de la langue y soient indifférentes : je soutiendrois au contraire, qu'elles ne peuvent qu'y ajouter infiniment : mais je suis bien convaincu que si le style de nos plus grands poëtes nous présente tant de beautés qui nous paroissent tenir de si près à la perfection, c'est principalement parce que nous comparons leurs poëmes avec notre prose, et avec la prose et les vers des peuples qui sont nos contemporains ; tandis que si nous nous obstinions à n'établir de comparaisons qu'avec les grands poëtes de l'antiquité, tous les hommes de bonne foi se rapprocheroient bientôt de mon opinion.

S'ensuit-il de cette discussion, que nous devions avoir ou moins d'estime, ou moins d'égards pour nos poëtes les plus distingués? Nous pouvons, nous devons les plaindre, de n'avoir pour opérer de grandes choses, que des moyens aussi foibles, et des instruments aussi imparfaits que nos langues modernes : mais cette foiblesse même, cette imperfection, rehausse infiniment leurs succès. Quel génie, quels efforts, quelle persévérance ne leur faut-il pas pour surmonter de si grands obstacles? et quant aux services qu'ils nous rendent, ne nous font-ils pas goûter des charmes que bientôt nous ne connoîtrions plus sans eux? Ne retardent-ils pas la décadence de notre langue, et ne lui préparent-ils pas une sorte d'immortalité? Mais ici tout est dû à eux seuls : les langues modernes n'ont que des difficultés à leur offrir.

ARTICLE II.

De l'Histoire des Langues, par rapport à leur formation.

Une langue est formée, dit Algaotti, lorsqu'elle a des écrivains, qui tant en prose qu'en vers, lui fournissent des expressions pour tous les objets, et pour toutes nos pensées....

On ne peut gueres concevoir de notions plus vagues et plus fausses. En effet, est-il impossible qu'une langue soit formée par l'usage général, uniforme, et constant de ceux dont elle est la langue, quoiqu'elle n'ait pas, ou qu'elle ait peu d'auteurs? Est-il impossible de trouver une langue qui n'ait pas des expressions pour tous les objets et pour toutes les pensées, et qui néanmoins soit une langue formée? Et quelle est donc la langue qui ait des expressions pour tous les objets et pour toutes les pensées? En quel siècle les Romains n'ont-ils pas eu de nouveaux emprunts à faire chez les Grecs, non-seulement pour les mots, mais aussi pour les tours de phrases?

Ce n'est point l'abondance des expressions seulement, qui fait qu'une langue est formée : c'est sur-tout la détermination de ses regles, et le développement de son caractere; quand une langue repose sur des principes analogues entr'eux, et formant un systême; quand elle a un caractere fixe et bien marqué; que ses usages dans les détails sont conformes à ces points de vue généraux et suivis par tous ceux qui parlent bien, alors elle est formée : mais toutes ces conditions sont à la rigueur indépendantes du nombre des expressions : il suffit que l'on ait des lois usuelles ou écrites, connues ou senties, d'après lesquelles on puisse décider comment il faut s'y prendre, pour enrichir cette langue d'une expression qui lui manqueroit.

Une langue, pour parvenir à ce point de mâturité, a souvent de grands obstacles à vaincre; obstacles qui tiennent sur-tout à la première origine de cette langue, au caractere national, et au mérite des auteurs qui l'ont employée dans ses diverses époques. Sous le premier de ces trois points de vue, la principale chose à remarquer, c'est de voir si la langue dont on cherche l'histoire, descend de plusieurs langues plus anciennes, ou si elle ne descend que d'une seule. Si elle n'est qu'une dérivation d'une seule langue plus ancienne, elle n'aura pas beaucoup de peines à parvenir à la perfection dont elle est susceptible :

elle n'aura à puiser que dans une seule source : il ne faudra qu'observer en quoi l'analogie sera restée la même, ou aura changé : on n'aura jamais que deux objets à combiner ; et ce sera par conséquent avec autant de facilité que d'assurance, que la langue moderne se formera d'après la plus ancienne, et avancera plus ou moins vers la perfection, selon que celle-ci aura été plus ou moins riche, énergique, agréable, polie, et régulière.

Il n'en sera pas de même de la langue qui sera dérivée de plusieurs autres. Ici les combinaisons sont nécessairement bien plus compliquées, et les résultats bien plus douteux ; la route est croisée presque à chaque pas : elle est plus longue et plus incertaine : il faut s'attacher à beaucoup plus de regles, et de principes : souvent ce que commande l'une de ces langues plus anciennes, est proscrit par l'autre : comment se décider sur la préférence qu'il faut bien accorder à celle-ci ou à celle-là ? Dans la perplexité qui doit naître de ce conflit, le caractere de la langue moderne sera longtemps indécis et flottant : ce sera bien pis encore si les langues-meres n'ont pas été elles-mêmes bien formées avant la dérivation ; il faudra alors des siécles entiers, avant que cette langue, née sous de si fâcheux auspices, parvienne à une forme bien déterminée : il faudra la créer de nouveau, plutôt que la perfectionner ; et si le peuple à qui elle appartient, réussit enfin, en s'aidant de toutes les ressources du génie, à la rendre régulière et digne d'être recherchée, on ne doit pas douter qu'il n'ait fait un des chefs-d'œuvre les plus rares de l'esprit humain.

Ce que j'entends ici par caractere national, n'est que le résultat des anciennes mœurs, des influences du climat, et de celles du gouvernement et de la religion : voilà ce qui rend un peuple timide ou hardi, actif ou lâche, industrieux ou routinier, ferme ou léger, sombre ou gai. Non-seulement toutes ces nuances de caractere se fondent, pour ainsi dire, dans le langage ; mais on ne doit pas oublier que rien ne détermine plus la rapidité ou la lenteur de la langue, dans sa marche et ses progrès vers la perfection. En effet, un peuple timide ne se permet point assez les changements que le peuple hardi a le défaut de trop rechercher : l'activité nous fait voler vers le bien que nous appercevons, tandis que la lâcheté ne fait pas un pas pour y atteindre, lors même qu'elle en est plus près : l'industrie leve les obstacles, qui se multiplient à l'infini pour le vice opposé : la fermeté, constante à suivre la même route, travaille sur un plan unique et régulier ; et la légereté qui admet tout, rejete tout, change tout, confond tout, et abandonne tout, voltige sans cesse, et n'avance en rien : enfin le caractere sombre, et le caractere gai nous assujetissent, quoique par des causes opposées, à mille caprices qui nuisent nécessairement à la formation de la langue, parce qu'ils font également mépriser, et négliger les loix de l'analogie.

Les hommes de génie ne font pas la langue : mais ils sont les seuls qui sachent en saisir le caractere, et en découvrir les ressources, et les premiers qui sachent en tirer avantage. Ici le hasard peut très-puissamment nuire ou servir : car si le plus grand génie d'une nation vient à naître, lorsque la langue sera encore trop éloignée de sa perfection, il apposera le sceau de son autorité à des vices de langage, que personne n'osera plus réformer, au moins de longtemps, et qui par conséquent retarderont les progrès de la langue : et n'est-ce pas parce que Shakespear a vécu un siècle trop tôt, que la langue angloise ne s'est pas polie, plus qu'elle ne l'a fait? Le génie de cet auteur transcendant a maintenu ses pièces sur le théâtre; et celles-ci ont à leur tour maintenu le langage de son temps. S'il eût vécu plus tard, le bon goût et la langue y auroient infiniment gagné; et pour réparer ce mal, il faudra peut-être un génie plus grand que Shakespear; l'habitude et l'orgueil national se joignant aujourd'hui à tout le poids de son mérite, pour maintenir toutes ses locutions même les plus vicieuses. Corneille n'auroit-il pas fait un tort semblable à notre langue, si Racine n'avoit pas écrit immédiatement après lui? Si Cicéron, Horace, et Virgile, qui ont fixé la langue latine, avoient vécu du temps d'Ennius, cette langue y auroit tout perdu, et le siècle d'Auguste seroit privé de son plus grand éclat. Il n'est pas permis à une langue d'aller au-delà du terme, où les plus beaux génies de la nation l'ont portée; et les progrès que ceux-ci lui font faire, dépendent essentiellement du point où ils la prennent : les Séneque ont bien pû corrompre la langue des Romains : mais pour lui donner plus de mérite qu'elle n'en avoit avant eux, il leur auroit fallu plus de génie qu'aux grands écrivains qui les avoient précédés.

En cherchant ainsi à désigner l'époque où une langue est formée, je crois devoir avertir qu'il y a deux erreurs dont il importe de se défendre à ce sujet; erreurs qui consistent, l'une à s'imaginer que c'est aux contemporains à juger si la langue est formée ou non; et l'autre à se persuader qu'une langue formée est une langue fixée et devenue invariable.

Toute langue qui se trouve enrichie d'un certain nombre d'ouvrages estimés, est toujours regardée comme formée, quoique souvent elle soit encore très-éloignée d'être parvenue à ce terme. *Maintenant que notre langue est formée*, disoit avec l'assurance d'une véritable persuasion, le célebre Vaugelas, qui toute fois employoit bien des expressions qui ne sont plus admises : bien avant lui, et du temps de Romard et de Marot, on assuroit aussi que la langue française étoit formée. Mais comment auroit pû s'y prendre celui qui auroit voulu détruire cette erreur? Auroit-il assigné avec précision, les beautés que notre langue devoit encore acquérir ? Celui qui auroit pû les appercevoir, et s'assurer qu'elle les acquerreroit dans la suite, auroit-il manqué de les lui donner à l'instant même? Est-il plus difficile en ce cas de créer que de prévoir ; ou plutôt prévoir n'est-ce pas créer? Au surplus, je parle des beautés des langues, et non de leurs défauts : car comme il ne peut rien y avoir de parfait, jamais aucune langue ne parviendroit à une véritable formation, si pour celà il falloit qu'il ne lui restât aucun défaut.

L'instabilité si naturelle à tout ce qui existe, les variations journalières de nos modes, les progrès ou la décadence des sciences, des arts, et du goût, les changements que subissent par degrés ou par secousses, les gouvernements et les loix, les hommes et les choses, tout ne prouve-t-il pas que rien ne peut être stable parmi nous, et que par conséquent il nous est impossible de fixer une langue, de manière qu'elle n'ait plus aucune vicissitude à éprouver? Si on avoit quelque moyen sûr de lui donner une entière stabilité, on l'emploieroit dès qu'on la regarderoit comme formée, c'est-à-dire, toujours bien plutôt qu'il ne le faudroit. Ainsi conduire une langue à sa formation définitive,

définitive, ce n'est point la fixer, mais c'est l'élever à un point de perfection au-delà duquel elle ne fera plus que décheoir et se corrompre.

De l'Histoire des langues prises en particulier.

Ce sujet nous offre plusieurs questions auxquelles je ne m'arrêterai point, parce qu'il n'est personne qui n'en puisse facilement appercevoir le développement et la solution, sur-tout après tout ce qui précede : je n'entretiendrai le lecteur que de deux objets principaux, l'un, la recherche des qualités les plus remarquables dans les langues ; et l'autre, l'indication du point de vue sous lequel il seroit plus utile de s'occuper de l'histoire des langues prises en particulier. Le premier de ces deux objets m'a paru mériter quelque attention, parce qu'il servira à éclaircir ce que je viens de dire sur la formation des langues, et qu'il sera d'une utilité sensible dans la discussion par laquelle je me propose de terminer cette lettre.

Des qualités les plus remarquables dans les langues.

Nous n'avons à parler que pour communiquer aux autres nos pensées et nos sentiments, conformément aux intérêts qui nous dirigent, et aux motifs qui nous animent. Il suit de ce principe que nous ne parlons qu'avec l'intention d'instruire, de convaincre, d'émouvoir, ou de plaire ; et que les qualités les plus remarquables des langues sont celles qui peuvent le plus sûrement conduire à ces différents buts, ou en écarter ; c'est-à-dire, que ce sont les qualités qui ont un rapport plus sensible à la clarté, à la précision, à l'ordre, à l'énergie, à la chaleur, à la variété, et à l'harmonie. Les grandes beautés des langues et leurs vices les plus essentiels tiennent à ces qualités fondamentales : mais la clarté exige sur-tout une marche simple, sans obscurité, et sans équivoque ; la précision requiert des expressions justes et une construction ennemie des longueurs et des détours ; l'ordre demande un enchaînement naturel, sans déplacement, sans lacune, et sans hors-d'œuvre ; il faut à l'énergie, des figures et des images heureuses et frappantes ; à la chaleur, une action vive, libre, et hardie ; à la variété, un fond riche où l'on puisse choisir ; et à l'harmonie, des sons coulants et sonores, des mouvements variés et assortis, et une marche mesurée sur des intervalles toujours analogues à la nature des objets, à l'organisation physique, et aux facultés intellectuelles de l'homme. Disons un mot de chacun de ces principaux points de vue.

1°. La simplicité de la marche résulte de la convenance et de l'uniformité, de la généralité et de la propriété des moyens que l'usage admet pour exprimer les rapports que nous établissons entre nos idées. Ce n'est que parce que l'on s'écarte de cette marche, qu'on devient obscur ou équivoque, quand même et d'ailleurs les mots et le régime sont toujours conformes les uns à nos idées, et l'autre à l'espèce de rapport qui doit les lier entr'elles : on voit qu'il faut ici, que les regles de la syntaxe s'étendent à tous les cas, sans se contredire, et sans confondre les choses contraires ou diverses.

2°. La justesse de l'expression résulte de l'avantage que les mots ont de rendre les idées d'une manière complete et bien distincte, et de l'avantage que les tours ont de rendre de même tous les rapports de nos idées ; ce qui présuppose que l'on a des mots pour toutes les nuanses d'idées, et des tours pour tous les rapports et pour toutes les nuances de sentiments, sans néanmoins tomber dans cette profusion qui surcharge au lieu d'enrichir ; c'est-à-dire, qu'il faut que les mots aient une valeur bien déterminée, et les tours un caractere et un mouvement particulier bien senti.

3°. L'enchaînement des mots et des phrases résulte de l'avantage que la langue a de bien marquer les rapports que nous établissons entre les idées et entre les pensées. La langue la plus parfaite à cet égard est celle qui a le plus de moyens, et des moyens mieux appropriés pour ces deux sortes de liaisons.

4°. La concision résulte de l'avantage que la langue a de posséder beaucoup de termes simples, et de pouvoir aisément les composer selon les besoins du discours, et autant qu'il le faut pour n'avoir pas à recourir aux périphrases, et aux circonlocutions : cet avantage naît sur-tout d'un plus grand emploi des augmentatifs, des diminutifs, et autres dérivés semblables, ainsi que des tours elliptiques et de quelques autres figures.

5°. L'action propre à exciter la chaleur résulte de l'avantage qu'une langue a de posséder des tours particuliers et heureux pour toutes les passions ; des tours plus dégagés, afin que l'action soit plus vive ; des tours moins assujétis aux formalités d'étiquette, et aux ménagements nationaux et arbitraires, afin que l'action soit plus hardie ; des tours enfin plus simples, plus concis, et plus libres.

6°. Le mérite des figures et des images résulte

de l'avantage qu'une langue a de transporter les mots d'une signification à l'autre, selon certaines conditions essentielles, et principalement en admettant les tropes fondés sur une analogie sensible, en rejétant ceux qui n'ont pas une analogie réelle et suffisante pour appui, en évitant tous les caprices qui font admettre dans une circonstance ce qu'on n'admet pas dans une autre, en n'accueillant que les tropes qui nous offrent sous des couleurs plus vives, et sous une forme plus saillante, ou plus familière, des objets peu connus; et enfin en évitant de transporter un même mot à tant d'objets différents, que ce mot perde de sa force, de sa clarté, et de son agrément, par la multitude des emplois auxquels on l'assujétit.

7°. Le fond des richesses qu'une langue doit posséder pour être variée, résulte de l'avantage qu'elle a de pouvoir suffire à tous les articles précédents. Il ne s'agit pas ici de mots ou de tournures synonymes qui ne produisent qu'un luxe embarrassant et puéril, ou des longueurs et une véritable confusion. Quand une pensée se reproduit à un bon esprit qui l'a déjà employée, c'est toujours sous un point de vue nouveau : c'est tantôt une question à discuter, ou une conséquence de ce qui précede; tantôt un axiôme général, ou une pensée liée à quelque fait particulier; tantôt encore le fondement ou l'objet de quelque passion de l'ame; outre l'intention que l'on peut spécialement avoir de voiler cette pensée ou de la montrer à découvert, de l'embellir ou de la rendre odieuse, de la présenter avec la précision rigoureuse de la logique, ou avec les charmes de l'imagination, et de lui imprimer un caractere noble ou familier, et austere ou gracieux, etc.

Tels sont les différents aspects sous lesquels la langue doit pouvoir rendre nos pensées, pour avoir bien réellement la richesse qui en fait une des principales beautés.

8°. La partie euphonique, ou l'harmonie de la langue résulte enfin 1°. de l'avantage qu'elle a de posséder un très-grand nombre de mots sonores, c'est-à-dire, de se distinguer par des sons pleins, ouverts, nets, coulants, presque tous formés par les parties les plus mobiles de l'organe de la voix, et assez heureusement combinés entr'eux, pour que les consonnes ne servent qu'à donner de la consistance aux voyelles, et pour que les voyelles ne servent qu'à rendre les consonnes plus molles, plus fluides, et plus légeres; 2°. de l'avantage de varier assez les mots pour n'avoir pas à craindre des répétitions fatiguantes; 3°. de l'avantage de trouver dans la partie prosodique des syllabes, des accents assez sensibles, et assez de longues et de breves pour peindre selon le besoin, les actions vives et animées, les actions nobles et imposantes, les actions lentes et pénibles, et les actions enjouées et badines; 4°. de l'avantage de pouvoir indiquer par des repos tantôt plus foibles et tantôt plus marqués, les rapprochements ou distances que nous découvrons entre les objets, sans jamais faire haleter le lecteur, et sans l'épuiser en outrepassant la portée ordinaire de la respiration. C'est par ces divers avantages, que l'on ajoûte à la valeur intrinseque des mots, l'ame, la vie, et tous les agréments des arts. C'est par là que les mots nous charment par des sons mélodieux comme la musique; qu'ils nous frappent par une image vive et sensible des objets comme la peinture; qu'ils nous retracent l'allure et la marche des choses et des événements; qu'ils reproduisent en quelque sorte les êtres par le relief qu'ils semblent leur donner; et qu'enfin ils nous attachent fortement par le plaisir que peuvent nous causer l'ordre, la symétrie, et les proportions.

De l'Histoire d'une Langue prise en particulier.

On vient de voir les considérations dont il me semble qu'on ne devroit jamais détourner la vue, si l'on vouloit tracer l'histoire d'une langue en particulier. Ce seroit relativement à tous ces articles, que l'on recueilleroit les faits propres à nous indiquer les procédés de cette langue, et les variations qu'elle a éprouvées depuis son origine: les faits dont je parle ne pourroient se puiser que dans les monuments ou écrits que cette langue auroit à nous offrir: ainsi il faudroit commencer par se procurer, autant qu'on le pourroit, des ouvrages en prose et en vers de tous les âges de la langue sur laquelle on travailleroit; et pour les époques malheureuses ou ce secours viendroit à manquer, on tâcheroit d'y suppléer par l'étude et la connoissance des langues-meres, sur-tout au temps où la langue dont on s'occuperoit en seroit dérivée: si ce moyen manquoit encore à notre historien, ou étoit insuffisant, il ne lui resteroit plus, pour remplir ses vues, que la comparaison des temps antérieurs, avec les temps subséquents à l'époque stérile et muette, et les calculs de la vraisemblance sur les degrés successifs qui auroient dû acheminer la langue du point où il l'auroit laissée, au point où il l'a reprendroit.

Lorsqu'on se seroit muni des ouvrages qu'il auroit été possible d'amasser, on se mettroit à les étudier à fond, en les suivant siècle par siècle, et selon l'ordre chronologique de la langue, observant toujours et principalement la marche de cette langue dans les changements survenus à ses mots et à sa syntaxe. Après avoir fixé le degré d'énergie fondamentale de cette langue, en indiquant l'origine des mots, les principales sources de leurs racines, en un mot leur valeur étymologique, on constateroit par un nombre suffisant d'exemples, chacune des variations qu'on auroit à observer, 1°. quant à l'analogie que l'on découvriroit dans la maniere de former les mots, d'en établir les accidents, dans la composition et dérivation de ces mêmes mots, et dans le goût particulier qui auroit dominé pour les emprunts faits à une langue plutôt qu'aux autres; 2°. quant aux divers sens et emplois des mêmes mots; et aux sortes de tropes auxquels on les verroit se plier; 3°. quant au caractere noble, familier, ou bas, élégant, ou trivial, imprimé par l'usage à telles ou telles especes ou classes de mots; 4°. quant à la richesse et à la synonymie des mots; 5°. quant à la rigueur des regles de syntaxe, à leur accord ou convenance, à leur nombre et à leurs effets relativement à la clarté, à la rapidité de la marche, et à la précision; 6°. quant à la longueur et à l'enchaînement des phrases; 7°. quant à la mélodie, au nombre oratoire, et à l'harmonie; 8°. quant au ton général, et au goût de préférence pour l'un ou l'autre des buts que l'on peut se proposer dans le langage. Combien ce travail ne présenteroit-il pas de lumières et de vues sur l'histoire, les mœurs, et les qualités distinctives de la nation, en même-temps qu'il en feroit si bien connoître la langue!

Il me semble que si on l'entreprenoit pour la langue françoise, par exemple, on ne seroit pas éloigné d'adopter l'idée de ceux qui ont voulu ramener toutes les qualités propres de cette langue à la naïveté quant aux mots, et à la clarté quant à leur construction ; mais avec cette différence qu'à mesure que cette langue s'est écartée de son état primitif, le caractere de naïveté s'y est affoibli, et que celui de clarté s'y est perfectionné ; que la naïveté en un mot a été successivement chez nous, grossière et simple, libre et gaie, décente et délicate, correcte et gênée, et enfin, altérée et à-peu-près nulle ; tandis que la clarté n'étant d'abord qu'un besoin vivement senti plutôt qu'une perfection acquise, est si bien parvenue, graces aux progrès de notre syntaxe, à faire aujourd'hui le véritable ou principal caractère de notre langue, que tout le monde adopte et répete le mot de feu Rivarol, que « ce qui n'est » pas clair, n'est pas françois ».

DE L'USAGE

CONSIDERÉ COMME MAITRE ABSOLU DES LANGUES, SELON CE MOT D'HORACE :

. . . . Si volet usus
Quem penes arbitrium est et jus et norma loquendi.
HORAT. *de Art. poët.*

AVANT d'entrer dans la discussion des questions particulières, que nous présente ce sujet important, je pense devoir rappeller et examiner la doctrine que nous ont donnée sur cette matière, les auteurs qui s'en sont plus spécialement occupés : de cette sorte, nous fixerons d'abord nos idées, sur la nature de L'USAGE en général ; et nous nous préparerons des points d'appui très-utiles, contre les difficultés que nous pourrons rencontrer.

« Ce que la plus grande partie des gens pra-
» tique, dit M. Girard, dans ses synonymes,
» est un *usage :* ce qui s'est pratiqué depuis long-
» temps, est une *coûtume.*

» L'usage fait la *mode*, la coûtume forme l'*ha-*
» *bitude :* l'un et l'autre sont des especes de loix,
» entièrement indépendantes de la raison, dans
» ce qui regarde l'extérieur de la conduite ».

Ajoutons 1°. que ce qui se pratique mal-à-propos, c'est-à-dire, ce qui se pratique contre la coûtume et la raison, est un *abus :*

2°. Que l'abus ne peut jamais faire loi, ni par

conséquent être confondu avec l'*usage* et la *coûtume*.

3°. Que s'il est vrai que l'*usage* et la *coûtume* soient en général indépendants de la raison, il ne s'ensuit pas qu'ils ne puissent pas être d'accord avec elle ; qu'il arrive souvent au contraire que l'*usage* est très-raisonnable ; et que c'est alors sur-tout, qu'il se maintient plus long-temps, et qu'il se transforme en *coûtume* :

4°. Que de toutes les *coûtumes*, celles qui sont d'accord avec la raison, sont les plus respectables à tous égards, et qu'il est rare, même en matière de jurisprudence, que les autres soient de véritables loix.

Arrêtons-nous un instant sur ces diverses distinctions, et tâchons de bien saisir les traits caractéristiques qui servent à différencier toutes ces notions fondamentales.

Les définitions de M. Girard, par-là même qu'elles sont justes, prouvent sensiblement que les langues sont soumises à l'empire, non-seulement de l'*usage*, comme on l'a dit jusqu'ici, mais aussi de la *coûtume*; et qu'elles dépendent en partie de la *mode*, et en partie de l'*habitude*, étant au nombre des objets qui ne tiennent qu'à l'extérieur de la conduite de l'homme.

Il est bien singulier que cette vérité, assez généralement reconnue en ce qui a rapport à l'*usage*, n'ait pas été seulement apperçue pour ce qui concerne les droits que la *coûtume* a de partager cet empire. On a confondu ces deux autorités en une seule ; et sous le nom d'*usage*, on a compris ce qui appartient à l'*habitude*, autant que ce qui appartient à la *mode*, et presque même ce qui est *abus*, pour peu qu'il soit général ; en un mot, tout ce qui est pratiqué. Ce n'est que de cette sorte qu'on a pu dire que les regles qui tiennent au génie d'une langue, et qui sont suivies tant que cette langue subsiste, sont encore soumises à l'*usage*. Et dépend-il en effet toujours de l'*usage*, pris dans sa signification plus particulière, de changer ces regles? La *coûtume* bien établie n'a-t-elle pas des droits sacrés à cet égard? L'*habitude* ne peut-elle pas légitimement, ne doit-elle pas nécessairement opposer en certains cas, une digne respectable aux vains efforts, et aux caprices de la *mode*, et sur-tout de l'*abus?*

« Cet *usage*, dit M. Beauzée, cet *usage* dont » l'autorité est si absolue sur les langues, contre » lequel on ne permet pas même à la raison de » réclamer, n'a jamais en sa faveur qu'une uni- » versalité momentanée. Sujet à des changements » continuels, il n'est plus tel qu'il étoit du temps » de nos peres, qui avoient altéré le langage de » nos ayeux, comme nos enfants altéreront celui » que nous leur aurons transmis, pour y en » substituer un autre qui essuyera les mêmes ré- » volutions. De tous ces usages fugitifs, qui se » succedent sans fin comme les eaux d'un même » fleuve, quel est celui qui doit dominer sur le » langage national? » On diroit que tout est *usage* dans les langues, et qu'il ne peut jamais y avoir d'*abus;* conséquence absurde et démentie par le fait même, dans toutes les langues qui se sont corrompues : ou bien l'on diroit que l'abus doit être rangé parmi les *usages* les plus légitimes; contradiction manifeste dans les termes, que rien au monde ne doit nous faire avouer. Tout ce qui réunit le double vice, d'être opposé à une *coûtume* bien établie, et de dégrader la langue en quelque point que ce soit, est un véritable *abus*, et doit être réputé tel, à moins qu'on ne se détermine à ne plus s'entendre.

La distinction que nous faisons de l'*usage* proprement dit, de la *coûtume*, et de l'*abus*, peut seule nous mettre en état de lever les difficultés que l'on rencontre en approfondissant cette matière. M. de Vaugelas et le pere Buffier, les deux seuls Grammairiens françois qui avant la savante et immense collection de l'Encyclopédie, soient entrés dans quelques détails sur ce sujet, ne nous disent rien qui puisse indiquer cette distinction ; d'où il résulte que plus d'une fois ils semblent tomber en contradiction avec eux-mêmes, surtout M. de Vaugelas. M. Beauzée débute à la vérité par nous rappeller les définitions précises de l'abbé Girard ; mais c'est comme dans un article à part, et sans en faire aucune application à la Grammaire, se contentant ensuite de suivre à-peu-près, et de rapporter en partie, la doctrine des deux autres Grammairiens que je viens de citer.

Ce qu'on peut appeler avec justice, le maître et le souverain arbitre des langues, c'est donc conjointement ou successivement l'*usage* et la *coûtume*, ou, si l'on veut simplifier l'expression en la généralisant, l'*usage*, en prenant ce terme dans une signification plus étendue, et qui renferme les deux autres idées, mais avec l'attention d'en exclure tout ce qui est abus. Ce n'est que dans ce dernier sens, que l'autorité de l'*usage* ne peut être révoquée en doute.

» C'est l'usage, dit M. Beauzée, qui établit les mots, puisque ceux-ci ne sont dans la langue qu'autant que celui-là daigne les employer : c'est l'*usage* seul qui donne un sens fixe aux mots, lesquels ne signifient que ce qu'il leur fait signifier : c'est l'*usage* seul qui peut y attacher des idées accessoires ; qui les rend susceptibles de sens figurés ; qui les modifie, les uns d'une façon analogue, les autres d'une manière disparate ;

qui les assortit et les fait concourir à l'expression de la pensée, en suivant des méthodes quelquefois opposées : c'est l'*usage* seul qui soumet la construction à l'ordre analytique, ou qui l'en écarte ; qui affranchit les phrases de l'ordre établi. . . . . Tout est *usage* dans les langues, continue le même auteur, le matériel ou les sons, la signification ou l'emploi, et la valeur des mots, l'analogie ou l'anomalie des terminaisons, la servitude ou la liberté de la construction, le purisme ou le barbarisme des ensembles. . . . . » Il semble que l'auteur veuille parler d'une sorte de *barbarisme* autorisée et ordonnée par l'*usage* : cependant tout ce que l'usage ordonne et autorise, cesse d'être barbare, et devient pur, selon ses propres principes : ainsi l'on doit présumer que sa pensée est que c'est l'*usage* qui prouve que telle construction est *pure*, et que telle autre est *barbare*.

» Le pouvoir de donner des loix à la langue, dit M. de Vaugelas, n'appartient qu'à l'*usage*, que chacun reconnoît pour le maître et le souverain des langues. Tant s'en faut, ajoute-t-il, que j'entreprenne de me constituer juge des différents de la langue, que je ne prétends passer que pour un simple témoin qui dépose ce qu'il a vu et ouï, ou pour un homme qui auroit fait un recueil d'arrêts qu'il donneroit au public. Quelque réputation qu'on ait acquise à écrire, dit-il ailleurs, en parlant de ceux qui refusent de se soumettre à l'*usage*, on n'a pas acquis pour celà l'autorité d'établir ce que les autres condamnent, ni d'opposer son opinion particulière au torrent de l'opinion commune. Tous ceux qui se sont flattés de cette créance, y ont mal réussi, et n'en ont recueilli que du blâme. Les langues ne sont fondées que sur l'*usage* ou sur l'*analogie*, laquelle encore n'est distinguée de l'*usage*, que comme l'image l'est du patron sur lequel elle est formée; tellement que l'on peut trancher le mot, et dire que les langues ne sont fondées que sur l'*usage* ou déjà connu, ou que l'on peut connoître par les choses qui sont connues, ce qu'on appelle *analogie*. D'où il s'ensuit encore que ceux-là se trompent, et péchent contre le premier principe des langues, qui veulent raisonner, et condamnent beaucoup de façons de parler généralement reçues, parce qu'elles sont contre la raison : car la raison n'y est point du tout considérée; il n'y a que l'*usage* et l'*analogie*. Ce n'est pas que l'*usage* pour l'ordinaire n'agisse avec raison ; mais c'est à l'*usage* seul qu'il faut entièrement se soumettre; ce qui se voit clairement en ce qu'il fait beaucoup de choses contre la raison, qui non-seulement ne laissent pas d'être aussi bonnes que les autres, mais qui même souvent sont meilleures, puisqu'elles font une partie de l'ornement et de la beauté du langage ». Observons qu'il y a dans ce passage une vraie contradiction : car l'*analogie* n'est autre chose ici que la *raison* appliquée aux principes et aux *usages* connus d'une langue. Il ne falloit donc pas [illegible] que la raison n'est point du tout à considérer dans les langues, en avouant qu'il y faut considérer l'*analogie*. D'ailleurs le seul exemple que M. de Vaugelas cite de choses faites contre la raison, n'est point du tout contre la raison.

Quoiqu'il en soit, à l'autorité de messieurs Beauzée et de Vaugelas, ajoutons encore celle du pere Buffier. « Les langues, dit-il, n'ont pas été faites pour la Grammaire, qui doit les enseigner telles qu'elles sont.... Il faut regarder les langues comme un amas d'expressions que le hasard ou la fantaisie a uniquement établies, à-peu-près de même que nous regardons la mode, contre laquelle on ne peut disputer sans en méconnoître la nature et le libertinage. Cette mode prescrit aux différentes nations de s'habiller; et chacune le fait par des *usages* où la raison peut avoir quelque part, mais qui ne tirent point de la raison leur autorité en qualité de modes, puisque par des raisons toutes contraires, ou sans aucune raison, ils peuvent se changer et se changent quelquefois. La raison peut s'y trouver ou ne pas s'y trouver, que la mode aura toujours le même empire. Il en faut dire autant de l'*usage*, qui est la regle des langues : cet *usage* a son empire par lui-même, continue-t-il ; ainsi la raison n'a proprement rien à faire par rapport à une langue, si non de l'étudier et de l'apprendre, ou d'inventer un moyen de la faire étudier et de la faire apprendre telle qu'elle est. La preuve de ceci est évidente ; c'est qu'une langue n'est autre chose que la manière dont une certaine quantité d'hommes sont insensiblement convenus d'exprimer mutuellement leurs pensées par la parole. Vouloir introduire des manières de parler dont ils ne sont point convenus, sous prétexte de perfection ou de regle de Grammaire, ce seroit embrouiller ou détruire leur langue, au lieu de l'apprendre ».

Le pere Buffier ne porte pas les choses aussi loin que M. de Vaugelas : il dit bien que l'*usage* peut faire aujourd'hui une chose par une raison, demain une autre chose par une autre raison, ou même sans raison ; mais il ne va pas jusqu'à dire que l'*usage* en puisse faire contre toute raison.

D'après toutes ces autorités et ces considérations, M. Beauzée a cru devoir définir une langue, *la totalité des usages propres à une nation pour exprimer les pensées par la voix.*

Voilà sans doute l'empire général de l'*usage* légitime sur les langues, bien établi. «C'est une vérité sentie par tous ceux qui ont parlé de l'*usage* ; mais une vérité mal présentée, ajoute M. Beauzée, quand on a dit que l'*usage étoit le tyran des langues*. Rien de plus juste que son empire sur quelque idiôme que ce soit, puisque lui seul peut donner aux expressions l'universalité réquise : rien de plus nécessaire que d'obéir à ses décisions, puisque sans celà on ne seroit pas entendu. L'*usage* est donc, non le tyran, mais le législateur naturel, nécessaire, exclusif des langues, dont ses décisions seules forment l'essence». En effet, la langue d'une nation n'est pas celle d'un individu : un particulier, quel qu'il soit, ne peut donc jamais la changer ; et s'il le fait, il en résulte un langage qui sera le sien, mais qui ne sera plus la langue de la nation. Peu importe au reste que ce particulier raisonne bien ou mal, beaucoup ou peu ; la nation entière lui dira : « C'est notre bien, ce n'est pas le vôtre ; c'est donc à nous à l'améliorer ou à en changer la forme ; ce n'est pas à vous ». Voilà pourquoi Tibère même ne pouvoit pas à Rome donner le droit de bourgeoisie à un mot qu'il avoit inventé, son autorité ne s'étendant pas jusques-là, dit Vaugelas.

Mais 1°. l'autorité de l'*usage* est-elle la même sur toutes les langues? 2°. S'étend-elle également sur toutes les parties du langage? 3°. Quelles sont les personnes dont les suffrages réunis constituent l'*usage*? 4°. Parmi les classes de citoyens qui ont le droit d'être consultées, qu'elles sont celles dont l'autorité doit être prépondérante ? 5°. Enfin quels sont les moyens de constater

l'*usage*

l'*usage*, ou d'y suppléer ? Telles sont les questions importantes qu'il faut résoudre, si nous voulons tirer quelque utilité de cette discussion.

Première Question. L'autorité de l'*usage* est-elle la même sur toutes les langues ?

Les trois auteurs que j'ai déjà cités, et qui sont mes principaux guides dans ces recherches, distinguent ici les langues vivantes et les langues mortes. Je crois devoir sous-diviser les premières en langues non encore formées, ou déjà parvenues à-peu-près à leur perfection.

Dans une langue morte, disent ces auteurs, ce sont les livres des meilleurs écrivains de la nation, qui font le bon *usage* ; les livres de ceux qui ont écrit dans le siècle le plus éclairé, le plus illustre de la nation : c'est à ces titres que l'on regarde comme le plus beau siècle de la langue latine, le siècle d'Auguste, illustré par les Cicéron, les César, les Salluste, les Nepos, les Tite-Live, les Lucrece, les Horace, les Virgile, etc. en comptant, dit le pere Buffier, ceux qui ont écrit environ cinquante ans avant, et cinquante ans après le règne de cet empereur ».

D'après cette décision, il semble que la *mode* n'ait plus aucune sorte de prise sur une langue, dès que celle-ci est rangée parmi les langues mortes. On objectera peut-être que chacune des nations qui veulent employer cette même langue, soit pour traiter de quelque science particulière, soit pour quelque autre raison, la soumet en quelque sorte à son propre génie, à ses propres *usages :* non-seulement, dira-t-on, l'Allemand, le François, l'Anglois, l'Italien ne prononcent pas le latin de même, par exemple ; il faut avouer de plus qu'ils ne l'écrivent pas, ne le construisent pas entièrement de même, quoique tous aillent puiser aux mêmes sources : ils font des phrases plus longues ou plus courtes, formées de termes plus coulants ou plus durs, plus familiers ou plus recherchés, soumis à une marche plus simple ou plus compliquée, avec des inversions plus fréquentes et plus hardies, ou plus timides et plus rares, etc.; le tout selon le génie de leur propre langue.

Mais observons que ces variations sont toujours regardées comme étrangeres à la langue à laquelle on les fait subir; et que tous s'accordent à soutenir que cette langue est devenue invariablement telle qu'elle est conservée dans ses auteurs les plus estimés; celà est si vrai que si les nations modernes ont des écrivains qu'elles desirent de voir ranger parmi les auteurs classiques d'une langue ancienne, ce n'est qu'autant qu'elles croient que ces écrivains modernes ont plus parfaitement imité les vrais auteurs classiques de l'antiquitë.

Ainsi dans les langues mortes, les regles de Syntaxe, les mots usuels, l'ortographe, le caractere des expressions, le génie du langage, dépendent uniquement de l'*usage* des bons auteurs; et la prononciation, les termes scientifiques et techniques que l'antiquité n'a pas connus, tiennent aux *usages* modernes, modifiés néanmoins par la nature de l'*analogie* ancienne, autant qu'elle peut être connue, c'est-à-dire, par la raison fondée sur l'analogie.

Les langues vivantes sont beaucoup plus soumises à la mode du jour, sur-tout quand elles sont encore éloignées de leur perfection, quand elles ne sont pas encore formées. Toute langue qui, loin de dégénérer, ne s'est pas encore approchée bien sensiblement de la perfection dont elle est susceptible; toute langue qui, comme le dit Vaugelas, n'a pas encore acquis nombre et cadence en ses périodes, est uniquement soumise à l'*usage* régnant. L'*usage* actuel décide également et souverainement de tout ce qui ressortit au langage, sans exception : l'*usage* triomphe et domine seul alors, sans craindre aucun partage d'autorité, ni de la part de la *coûtume*, ni de la part de la *raison*; la *coûtume* n'étant pas encore assez solidement établie, et la *raison* n'étant pas encore assez développée, assez ferme en ses principes et en ses conséquences.

Alors on peut appliquer sans réserve à l'*usage*, tout ce que l'on a jamais dit de son autorité la plus absolue; alors, selon l'expression du pere Buffier et de Vaugelas, quiconque veut se roidir contre l'*usage* proprement dit, s'expose au reproche, au blâme, ou au ridicule.

Mais si la langue est formée ou près de l'être, c'est-à-dire, (car ce mot même a besoin d'être déterminé,) si la langue a acquis nombre et cadence; si les principes sur lesquels elle se fonde ont été raisonnés et discutés, rapprochés et comparés, analysés et établis par des raisons tirées d'un *usage* constant et d'une analogie soutenue; si cette langue est enrichie d'un grand nombre d'ouvrages immortels dans les principaux genres de la belle littérature; certainement on doit lui assigner un rang mitoyen entre les langues mortes et les autres langues vivantes; car elle tient une sorte de milieu entre les unes et les autres; elle a acquis une consistance réelle; en un mot, elle est sujette aux loix combinées de l'*usage* et de la *coûtume;* de la *coûtume* pour tout ce qui est général et essentiel; et de l'usage pour tout ce qui est exception, et minutie de détail.

Si la langue ainsi formée n'étoit soumise qu'aux même loix que les langues encore informes et nouvelles, on verroit les meilleurs écrivains de la nation, les mêmes qui seuls feront et pourront faire autorité, pour décider des véritables *usages* de leur langue, quand elle sera devenue langue morte; on les verroit être absolument sans autorité, lorsque leur langue s'altérant peu à peu, auroit commencé à se corrompre, par une suite naturelle des *abus* successifs qui s'y seroient introduits. Il faudroit donc dire qu'ils auroient eu de leur vivant, comme on le verra plus bas, un droit de suffrage qu'ils auroient ensuite perdu à leur mort, pour le recouvrer encore quand leur langue elle-même seroit morte; ce qui ne présente qu'un cercle de contradictions et d'absurdités.

Ainsi dans les langues non-formées, tout est sous la dépendance de l'*usage* proprement dit, les mots, leur signification, leur emploi, leur construction, leur caractère, leur prononciation, et leur orthographe: dans les langues formées, l'*usage* ne décide que de ce qui est de peu d'importance; pour le reste, il est forcé de suivre la loi que lui-même a précédemment faite; il n'est plus assez libre, assez indépendant, pour l'annuller et la changer arbitrairement: les regles bien établies et consolidées par le temps, affermies par la pratique constante des écrivains les plus illustres, et par les raisonnemens des Grammairiens les plus estimés, se trouvent être montées au rang de loix beaucoup plus respectables, et par conséquent à l'abri des caprices et des tentatives de l'*usage*; non que celui-ci ne puisse les altérer et les enfreindre; car enfin Séneque et Pline le jeune ne parlent plus comme Cicéron; mais parce que les changemens que cet *usage* introduit dans les principes fondamentaux et essentiels, sont alors de véritables *abus* qui s'introduisent, une vraie corruption du langage, une dégénération, une dégradation que la nécessité seule peut nous forcer, nous autoriser à suivre, et qu'aucun principe au monde ne peut faire prévaloir au tribunal de la raison. J'espere que les doutes qu'on pourroit avoir encore sur cette doctrine, disparoîtront entièrement dans l'examen de notre seconde question, à laquelle nous allons passer, et qui nous ramenera aux mêmes principes.

Deuxième Question. L'autorité de l'*usage* s'étend-elle également sur toutes les parties du langage?

J'observe qu'il y a dans le langage six parties principales à distinguer relativement à notre point de vue; 1°. l'admission des mots; 2°. leurs diverses significations; 3°. les variations qui tiennent à la syntaxe; 4°. le caractere de noblesse ou de bassesse attaché aux expressions; 5°. la prononciation; 6°. l'orthographe.

Certainement l'*usage* domine sur tous ces points, mais non pas de la même manière. Dans les premiers âges d'une langue, par exemple, la prononciation est beaucoup plus arbitraire que quand la langue est formée, quoique cette partie ne puisse jamais être entièrement fixée. L'orthographe est sujette à ses plus grandes variations dans l'époque où la langue tend sensiblement à se former, et dans celle où elle dégénere; c'est dans ces deux époques sur-tout qu'on voit, par *usages*, ou par *abus*, les systêmes d'orthographe éclorre, se multiplier, et s'entre-détruire. Le caractere noble ou bas des expressions se décide entièrement lorsque la langue s'épure; avant ce temps, ce caractere n'existe pas encore; et après ce même temps, il reste à peu près invariable jusqu'à ce que tout se confonde, époque où il n'existe en quelque sorte plus.

La syntaxe n'est soumise à l'*usage* que jusqu'à ce que la langue soit formée; après quoi elle dépend des loix de la coûtume. Il en est de même à plusieurs égards de la faculté de diversifier les significations d'un même mot, quoique sous d'autres rapports, les expressions quant aux sens figurés, suivent assez la même marche que pour leur caractere noble ou bas, parce que ce sont des points qui tiennent également au bon goût.

J'en dirois encore autant de la faculté de créer des mots nouveaux, si le besoin et de nouvelles idées ne forçoient d'inventer de ces sortes de mots, dans tous les âges d'une langue : mais si la langue n'est pas formée, cette invention de mots nouveaux est bien plus arbitraire ; on les tire presque d'où l'on veut ; on leur donne assez facilement la forme qui plaît le plus à l'inventeur ; au lieu qu'ensuite, pour être reçus, ils exigent, quant à l'éthymologie, à la forme, à l'analogie, aux sons, et au caractere qu'ils doivent avoir, un grand nombre de convenances assez difficiles à réunir.

M. Marmontel nous présente sur ce point, une distinction qui demande un examen particulier... En nous soumettant, dit-il, à ce que l'*usage* prescrit, réservons-nous le droit de juger nous-mêmes de ce qu'il lui plaira de nous défendre.... C'est à la suite de ce conseil, que cet auteur soutient que nous pouvons très-légitimement rappeller dans notre langue plusieurs termes ou expressions qui ont été autrefois en usage, et qui nous manquent aujourd'hui, ayant cessé d'être employées, sans être remplacées. Le principe de M. Marmontel tient en ce qu'il a de vrai, à la différence qu'il y a entre une chose sur laquelle la loi a prononcé, et une autre chose sur laquelle la loi se tait. Nous pouvons imaginer une infinité de mots qui seroient autant de barbarismes dans la langue ; et un certain nombre d'autres mots qui y seroient inusités, mais qui n'y seroient point barbares : le génie de la langue répugne aux uns, et non aux autres : on peut donc dire que notre usage répudie ceux-là, sans que toutefois on soit fondé à porter le même jugement de ceux-ci. Les mots que M. Marmontel regrète, sont en général de cette dernière classe, tous ayant été usités en d'autre temps, et étant à présent tombés en désuétude plutôt que défendus.

De tout ce qui précede, il suit qu'il y a des articles sur lesquels l'*usage* commence à exercer pleinement son empire, pour le laisser passer ensuite à la coûtume ; et d'autres sur lesquels l'autorité reste plus long-temps à l'usage même. Il en est qui ouvrent un champ plus vaste aux caprices de la mode ; et d'autres qui demandent beaucoup plus de circonspection. On pourroit prouver tout ceci par des faits ; mais ces faits nous conduiroient à de trop grands détails. Que l'on me permette seulement de faire une ou deux observations.

M. de Voltaire a adopté, prêché, et suivi un systême d'orthographe qui, soit complaisance, soit persuasion, a été ensuite imité par un très-grand nombre de personnes ; je serois tenté de dire, par le plus grand nombre de ceux qui ont à écrire. Cependant il n'y a pas eu un instant, du moins à mon avis, où l'on dût craindre que ce systême fît jamais loi pour la langue françoise. Dira-t-on qu'il renfermoit trop d'inconséquences ? Cette raison, si elle étoit valable, auroit fait admettre les plans d'orthographe de M. Dumarsais, ou de M. Duclos, ou de M. de Wailly, qui sont beaucoup plus réfléchis et plus conséquents, et qui pourtant ont eu infiniment moins de vogue. Le seul moyen d'expliquer ce phénomene, c'est de dire que malgré l'autorité prodigieuse de Voltaire sur les esprits, son plan ne pouvoit faire loi, ayant été présenté dans une époque où l'orthographe de la langue s'est trouvée en général fixée par un *usage* ancien, qui a toute la force d'une *coûtume*, et sur lequel par conséquent des *usages* passagers ne sauroient plus l'emporter sans jeter de le discordance, de l'arbitraire, et du caprice dans la langue, indices ordinaires d'une décadence prochaine.

M. de Vaugelas dit lui-même, en parlant des principes qu'il établit, et des remarques qu'il a publiées. « Il sera toujours vrai que les regles que » je donne pour la netteté du langage et du style, » subsisteront sans avoir jamais de changement, » outre que déjà dans la construction grammati- » cale les changements sont moins fréquents. » Quand une langue a nombre et cadence, comme » la françoise l'a maintenant, elle est en sa per- » fection ; et étant venue à ce point, on en peut » donner des regles certaines qui dureront tou- » jours. Les regles que Cicéron a observées, et » toutes les dictions et toutes les phrases dont il » s'est servi, étoient aussi bonnes du temps de Sé- » neque que cent ans auparavant, quoique du » temps de Séneque, on ne parlât plus comme au » siècle de Cicéron, et que la langue latine fût » extrêmement déchue ».

Je demande en grace que l'on veuille bien observer que c'est M. de Vaugelas, le plus zélé partisan des droits absolus de l'*usage* sur les langues, qui parle ainsi. Certainement ces dernières décisions ne serviroient qu'à embrouiller toutes les idées, qu'à détruire en bonne partie ce que lui-même avance et établit sur la juste autorité de l'*usage*, si l'on n'avoit recours à la distinction que nous avons faite entre l'*usage* proprement dit, la *coûtume*, et l'*abus*.

M. de Vaugelas nous dit ailleurs que l'usage fait

des choses avec raison, qu'il en fait d'autres sans raison, qu'il en fait d'autres même contre raison, et toujours légitimement, et toujours avec une égale autorité. N'est-ce pas nous donner du merveilleux pour des idées lumineuses? Toutes ces assertions n'ont-elles pas besoin d'être modifiées par des restrictions convenables? S'il étoit possible à l'*usage* de tout faire contre la raison, n'y auroit-il pas des suppositions que nous serions forcés d'admettre comme possibles, et où tout se trouveroit boulversé, où Séneque parleroit mieux que Cicéron, et les souverains du moyen âge encore mieux, dans leurs capitulaires, que Séneque? etc.

Revenons à des pensées plus vraies, plus naturelles, et plus claires. Lorsqu'une langue parvient à peu près à sa perfection, l'*usage* qui regne, se soutient plus long-temps par mille causes qui sont liées à la nature même de la perfection; bientôt il est comme consacré par les bons ouvrages qui enrichissent cette langue: les principes généraux du langage sont discutés par d'habiles auteurs; ils se trouvent unis entr'eux par une *analogie* sensible; le génie de la langue se détermine et se développe; les regles en découlent naturellement, de manière que les *usages* particuliers semblent venir s'y ranger d'eux-mêmes; il résulte de tout celà un système fixe, raisonnable, et harmonieux, qui doit nécessairement faire beaucoup perdre de son autorité à l'*usage* proprement dit, lequel en cede forcément une partie à la raison, et se trouve dépouillé du droit d'exercer ses caprices sur autre chose que sur un petit nombre de cas isolés, particuliers, et rares: c'est ainsi que l'*usage* devient *coûtume*, c'est-à-dire, devient un *usage* qui s'est maintenu depuis long-temps, et qui est appuyé sur ce que l'*analogie* et le raisonnement ont de plus juste et de plus solide : c'est ainsi que la *coûtume*, entendue de la sorte, est une digue contre laquelle se brisent comme autant de vagues impuissantes, les *usages* particuliers qui ne sont pas de simples exceptions, les nouveaux *usages* qui ne peuvent plus obtenir d'autre nom que celui d'*abus* et de corruption, pour peu qu'ils s'attaquent aux principes : c'est ainsi que quand ces usages abusifs viennent à prévaloir, il ne faut plus dire que la langue varie, qu'il faut dire qu'elle s'altere et qu'elle d'écheoit : c'est ainsi enfin que l'empire des langues appartient de droit, mais successivement à l'*usage* et à la *coûtume* ; à l'*usage*, lorsque la langue tend à se former ; à la *coûtume* dès que les variations nouvelles l'éloignent de la perfection, au lieu de l'en approcher ; et que si jamais l'abus l'emporte décidément sur la coûtume, il en résultera une autorité réelle, mais non pas légitime ; que ce sera une véritable tyrannie, un empire injuste en ses principes, déraisonnable en lui-même, et funeste en tous ses effets.

Troisième Question. Mais quelles sont les personnes dont les suffrages réunis constituent l'*usage?*

La langue appartient à toute la nation ; d'où il semble que toute la nation ait également droit d'influer sur l'*usage*. Mais on sent d'abord que cette conséquence ne peut pas être admise. Il existe un centre pour la langue aussi bien que pour le gouvernement ; et plus on se trouve éloigné de ce centre fixe, moins on a le droit d'être consulté. Les provinces ont leur accent, leur jargon, leur patois, qu'elles amalgament, pour ainsi dire, avec la langue même, de manière à n'en faire qu'un cahos grossier, ridicule, ou barbare, au lieu d'un tout agréable, assorti, et poli.

Cette première réflexion restreint déjà prodigieusement le nombre des voix, qu'il ne faudra plus aller recueillir que dans le centre même, ou près du centre. On a dit pendant long-temps que c'étoit à Blois qu'on parloit le mieux la langue françoise. Lorsque cette opinion s'est établie, il n'y avoit pas long-temps que Blois avoit vu des princes et leur cour préférer son château et son climat au reste de la France. Mais les deux derniers siècles ont été plus que suffisants pour détruire ce qu'il peut y avoir eu de fondé dans cet adage, qui s'est encore soutenu dans le monde après qu'il a cessé d'être vrai.

C'est donc uniquement le centre, la capitale et la cour, qu'il faut consulter pour connoître l'*usage*. Mais n'y a-t-il pas encore des distinctions de personnes à faire, même à la cour et dans la capitale? Sans cette précaution, dit M. de Vaugelas, ceux qui sont élevés à Versailles et à Paris, n'auront qu'à parler le langage de leurs nourrices et de leurs domestiques, pour bien parler ; conséquence qui se réfute suffisamment d'elle-même. (Mais comment cette conséquence se réfuteroit-elle suffisamment d'elle-même, si la raison ne devoit être consultée en rien dans tout ce qui a rapport à l'usage d'une langue ?)

De ces premières remarques on a conclu qu'il y a bon et mauvais *usage*; que le mauvais *usage* se forme du plus grand nombre des personnes, « qui presque en toutes choses n'est pas le meilleur, dit Vaugelas ; tandis que le bon au contraire est composé, non pas de la pluralité, mais de l'élite des voix ; et c'est véritablement celui que l'on nomme le maître des langues, celui qu'il faut suivre pour bien parler et pour bien écrire. »

Demandons encore comment les gens d'élite pourroient l'emporter sur le grand nombre, si l'analogie des principes et des regles, si le bon goût et la perfection, en un mot si la raison ne devoit être comptée pour rien? Il faudroit évidemment alors dire que le mauvais *usage*, celui qui peut admettre tous les caractères du véritable *abus*, est le bon *usage*.

On voit que M. de Vaugelas ne demande que l'élite des voix; cependant le pere Buffier prouve fort bien que si on ne compte pas les voix, on ne tient rien d'assuré. Ainsi, pour concilier ces deux auteurs, pour rendre l'hommage dû aux bonnes raisons qu'ils alleguent l'un et l'autre, nous dirons qu'il ne faut consulter que des classes de citoyens choisis; mais que dans ces classes d'élite, il faut en général compter les voix.

La loi de ne tenir compte que de la pratique de certaines classes de citoyens, est applicable à toutes les langues et à tous les pays. Quand on disoit à Rome que le peuple étoit le maître de la langue, on ne parloit pas des habitants des provinces; on n'entendoit que les personnes élevées à Rome même; et encore parmi les Romains proprement dits, on n'avoit en vue que les personnes d'un certain ordre, puisque le mot *populus* désignoit tous ceux qui pouvoient aspirer aux charges, ceux qui appartenoient aux familles des sénateurs, des chevaliers, etc., et que tous les autres habitants formoient, dit Vaugelas, ce qu'on entend par le mot *plebs*, et non par le mot *populus*.

Il est essentiel de distinguer ici, les langues parlées par une nation composée de plusieurs peuples égaux et indépendants les uns des autres, tels qu'étoient anciennement les Grecs, et tels que sont aujourd'hui les Italiens et les Allemands; et les langues parlées chez une nation qui par son gouvernement est une, comme les Romains d'autrefois, et les François d'aujourd'hui : dans le premier cas, dit M. Beauzée, avec l'usage général des mêmes mots et de la même syntaxe, chaque peuple peut avoir des *usages* propres sur la prononciation ou sur les terminaisons des mêmes mots ; *usages* vraiment subalternes, mais également légitimes, et qui constituent les dialectes de la langue nationale.

Dans le second cas, il ne peut y avoir, par rapport au parler, qu'un *usage* légitime ; tout autre qui s'en écarte en quelque façon que ce puisse être, ne fait ni une langue à part, ni une dialecte de la langue nationale ; c'est un patois abandonné aux personnes moins instruites des provinces, et chaque province a le sien.

Nous ne nous arrêterons pas à une autre distinction, celle des différents gouvernements : dans les républiques, même celles qui approchent le plus de la démocratie, il y a toujours un centre, une sorte de cour, et des classes d'élite parmi les citoyens, aussi bien que dans les gouvernements monarchiques les plus absolus. Les peuples confédérés se rapprocheront de même plus ou moins, selon leur constitution, de l'ordre assigné aux anciens Grecs, aux Italiens, et aux Allemands.

Mais il y a dans ce dernier ordre, des causes particulières qui operent quelquefois une exception raisonnable aux principes que nous avons posés. Ainsi, quoique les divers peuples de l'Italie soient indépendants les uns des autres, l'italien qui se parle à Rome, dit le pere Buffier, semble d'un meilleur *usage* que celui qui se parle dans le reste de l'Italie. Est-ce parce que Rome, selon la pensée de M. Beauzée, est comme la capitale de la république chrétienne, que la prononciation est sur-tout une affaire d'agrément, et qu'il est indispensable de plaire à la cour pour y réussir? Non; car Florence, Turin, Naples, etc. ont aussi leur cour où il importe de plaire : ainsi j'aimerois mieux dire, parce que cette prononciation est plus parfaite, plus conforme au vrai génie de la langue et de la nation. D'un autre côté, les Toscans ayant fait diverses réflexions et divers ouvrages sur la langue italienne, et en particulier un dictionnaire qui a eu grand cours, (celui de l'académie de la Crusca,) ils se sont acquis une réputation que les autres contrées de l'Italie ont reconnue comme bien fondée, sur-tout pour la langue écrite; d'où est venu le proverbe : *le langage Toscan dans une bouche romaine.*

Ne pourroit-on pas faire à l'Allemagne une assez juste application de ce qu'on vient de nous dire de l'Italie? La langue Allemande a été cultivée principalement en Saxe dans le temps de la réformation, et depuis cette époque, tandis que la prononciation y est restée plus dure qu'à Berlin, par exemple.

Quoiqu'il en soit de ces sortes de diversités particulières qui sont liées à des causes extraordinaires, et pour ne parler que des langues de nations soumises à un gouvernement unique, indépendant, et isolé; le véritable *usage* est celui des personnes d'élite de la cour et de la capitale, c'est-à-dire, des personnes bien nées, dont l'éducation a été cultivée avec soin, et qui ont presque toujours vécu, sur-tout pendant leur jeunesse, dans la classe où nous les rangeons. M. de Vaugelas, le pere Buffier, et M. Beauzée ne parlent d'abord que de la cour proprement dite. Mais le premier sent ensuite lui-même que ce cercle est trop étroit; de sorte que pour l'étendre autant que la raison l'exige, il y comprend enfin tous ceux de la capitale qui par leurs emplois, leur fortune, ou leur situation, ont un rapport étroit avec la cour, soit qu'il s'agisse d'un rapport d'affaires, ou d'un simple rapport de société, de fréquentation. Mais faudra-t-il ne tenir compte que du suffrage de ceux qui ont l'avantage de vivre auprès ou autour du souverain? Eh quoi, l'homme de génie qui aura passé sa vie et consacré ses jours à composer des ouvrages vraiment bien écrits; l'homme de génie dont le goût se sera épuré par la réflexion, les connoissances, et l'exercice; quoi, l'homme doué d'un esprit solide et pénétrant, qui aura profondément médité sur le caractere, les regles, les usages, et les analogies de sa propre langue; ces hommes qui seuls décideront des véritables *usages* de leur langue dans les siècles à venir, n'auroient de leur vivant, aucune sorte d'autorité, ou leur autorité disparoîtroit, s'anéantiroit devant celle d'une femme ou d'un homme de rang, qui peut-être n'a pour elle ou pour lui, qu'une routine aveugle, routine qui peut-être encore n'est due qu'à l'imitation de certaines personnes d'un rang bien inférieur au sien? On a senti toute la force de cette objection, et on s'est laissé fléchir jusqu'à admettre trois classes de personnes à consulter, 1°. les personnes de la cour, (bien entendu que ce mot soit pris dans toute l'étendue de signification que nous venons d'y attacher;) 2°. les auteurs de la nation les plus estimés parmi ceux qui ont travaillé à des genres de littérature agréable; 3°. enfin les auteurs qui ont écrit sur la langue avec le plus d'approbation.

Ces trois classes sont en effet tout ce qu'on peut faire entrer dans ce que M. de Vaugelas appelle les gens d'élite de la cour et de la littérature; mais on voit que de cette manière, tout ce qui dans Paris, par exemple, est attaché par des fonctions nobles, au gouvernement, à la magistrature, au clergé, à la noblesse (1), au militaire, est de la cour; et que ce seroit par conséquent une grande erreur, en parlant de la matière qui nous occupe, que de vouloir concentrer la cour de France dans Versailles.

Quatrième Question. Parmi les classes de citoyens qui ont le droit d'être consultées, qu'elles sont celles dont l'autorité doit être prépondérante? c'est notre quatrième question.

Vaugelas, le pere Buffier, et M. Beauzée, donnent sans balancer le premier rang aux personnes de la cour; et le dernier fonde cette décision sur une raison de prééminence dans l'ordre politique, raison qui devoit lui paroître bien foible contre celle que l'on peut tirer d'une éducation plus soignée, et d'une jeunesse passée au milieu de tout ce qui est capable d'épurer et de perfectionner le goût.

En effet, parmi les personnes de la cour, on en trouve souvent, dit le pere Buffier, qui s'attachent peu aux belles-lettres, et sur-tout aux discussions épineuses de la Grammaire; de sorte que leur témoignage ne vaut principalement (ou exclusivement,) que pour les choses qui sont du commerce ordinaire de la vie. Encore dans ce dernier genre même, aura-t-on de bien justes sujets de méfiance, si l'on vit dans un siècle ou en général, les meres de familles de la cour abandonnent pour plusieurs années, leurs enfants à des nourrices prises dans des villages où certainement on parle mal; dans un siècle où les jeunes

(1) Le lecteur voudra bien se rappeller que ce mémoire a été écrit en 1782.

gens

gens de la cour sortant des mains de leurs nourrices, hantent de préférence des personnes tirées indifféremment de toutes les provinces, et qui sont bien éloignées d'appartenir à des classes d'élite; dans un siècle où, selon les mœurs et le ton du jour, les grands causent beaucoup avec des serviteurs qui ne parlent guères mieux que les nourrices (1). D'un autre côté on doit aussi se tenir en garde contre un écueil où les auteurs les plus estimés vont quelquefois échouer, je veux dire, le néologisme, le style précieux, et trop recherché; outre qu'il faut aussi compter pour beaucoup les vices de terroir, que chaque auteur peut avoir apportés de sa province. Les écrivains célebres, dit M. Beauzée, devroient sur-tout s'appliquer à maintenir la pureté du langage qui a été l'instrument de leur gloire, et dont l'altération peut les faire insensiblement rentrer dans l'oubli.

Toutes ces considérations au reste concourent à prouver que quand il s'agira, non de compter, mais de peser les voix, le suffrage d'un grand qui, au bonheur d'être né et d'avoir vécu à la cour dans la meilleure compagnie, joindra le double avantage d'avoir reçu de la nature de véritables talents, développés ensuite par une bonne éducation, et d'être adonné par goût à l'étude de sa langue et des meilleurs auteurs qu'elle possede; que le suffrage, dis-je, dun grand de cette sorte,

(1) Aujourd'hui la plûpart des gens de la cour en France, disent *frèd* pour *froid*, *drèt* pour *droit*, etc. Il y a moins de cinquante ans que le sourire du dédain et du mépris n'eût pas manqué d'accueillir cette manière de prononcer : mais alors et plus de deux cents ans auparavant, les habitans de la campagne n'en avoient pas d'autre, dans l'île de France et dans la Picardie, au patois de laquelle elle appartient. C'est donc de leurs nourrices, que les personnes de la cour l'ont reçue, à moins qu'on ne dise qu'elle a passé de l'antichambre dans le sallon de compagnie.

en vaut lui seul beaucoup d'autres ; et comme nous avons sans aucun déguisement noté les défauts qu'il est possible de reprocher à notre siècle, nous ne nous dissimulerons pas qu'il y a aujourd'hui dans les principales cours de l'Europe, un très-grand nombre de personnes distinguées qui méritent de faire exception.

Mais pour donner quelques détails sur la question qui nous occupe, il faut recourir à la division que le pere Buffier fait, en partie d'après M. de Vaugelas, du bon *usage*, en *usage constant*, en *usage partagé*, en *usage connu*, et en *usage douteux* ou *obscur*.

L'*usage* est *constant* quand il s'agit d'un point sur lequel le plus grand nombre des personnes de la cour qui ont de l'esprit, et des écrivains qui ont de la réputation, conviennent manifestement entr'eux. On demande ici, entre le plus grand nombre des gens d'élite de la cour, et le plus grand nombre des écrivains estimés, un accord manifeste, un accord général ; on ne demande pas un accord universel : car il ne faut pas s'attendre que l'*usage* soit tellement *constant*, que chacun de ceux qui parlent et qui écrivent le mieux, parle ou écrive en tout comme tous les autres. Mais si quelqu'un s'écarte en des points particuliers, ou de tous, ou de presque tous les autres, il doit être sensé ne pas bien parler en ces points-là mêmes. Du reste, il n'est homme si versé dans une langue à qui cela n'arrive. On le peut voir, (c'est toujours le pere Buffier qui parle,) par les fautes échappées à M. de Vaugelas, à M. Ménage, et au pere Bouhours, les plus habiles maîtres que nous ayons eus en notre langue ; et par celles qu'on voit échapper de fois à autre aux personnes qui ont le plus d'esprit, et qui sont le plus dans le commerce du monde.

L'*usage* est *partagé* quand la pratique est divisée en plusieurs partis qui ont chacun pour eux, un grand nombre de voix parmi les personnes qui ont droit de suffrage. C'est, dit le pere Buffier, le sujet de beaucoup de contestations peu importantes. Cependant il est raisonnable de discuter assez les points contestés, pour s'assurer du meilleur parti, si on le peut. Tâchons donc de poser quelques principes à ce sujet.

Si la moitié à peu près des écrivains et des gens de la cour tient pour un parti, et que l'autre moitié tienne pour le parti contraire; c'est sans doute alors que le mieux est de suivre le conseil du pere Buffier, qui dit que chacun selon son goût peut suivre l'un ou l'autre des sentiments opposés; que vouloir l'emporter en ce cas, c'est dire, *je suis de la plus saine partie;* et qu'enfin il ne faut pas faire le procès aux autres, pour se le faire faire ensuite à soi-même par les autres. Mais si la chose contestée est telle que les gens de la cour se trouvent d'un côté, et les écrivains de l'autre; il faut voir s'il s'agit d'un point qui touche plus particuliérement à la langue écrite ou à la langue parlée ordinaire. S'il tient à la langue parlée ou à la conversation ordinaire, certainement le parti de la cour doit l'emporter; ces sortes d'expressions étant du ressort des gens du monde, plutôt que de celui des écrivains; à moins toutefois qu'il ne s'agisse d'un article déjà établi par la *coûtume* dans une langue déjà formée; bien entendu encore qu'ici le mot *la cour* désigne tous ceux que nous avons ci-devant compris dans cette expression. Mais s'il s'agit d'un point qui tienne à la langue écrite, le parti qui a pour lui les écrivains et les Grammairiens, est certainement le plus respectable, le seul qui puisse faire autorité.

Dans ces occasions, c'est-à-dire lorsque l'*usage* est vraîment *partagé*, il nous reste encore une grande autorité à laquelle nous devons recourir, la raison et l'analogie. Sans doute celui des deux partis qui se rapproche le plus des autres *usages* de la langue qui sont *constants*, doit paroître en général préférable à l'autre. Ainsi il n'est pas vrai, pour le répéter ici en passant, que la raison ne doive jamais être consultée quand il s'agit de langage.

Dans toutes les autres hypotheses que l'on peut faire sur *l'usage partagé*, si l'analogie et la raison ne peuvent pas nous donner des lumières suffisantes, il me semble que le plus sage est d'en revenir au conseil du pere Buffier. « Trop contester » sur des mots pour savoir quel est le meilleur, » dit-il, est souvent aussi vain que de s'amuser à » disputer en fait d'habits lequel est le plus à la » mode. Comme les personnes sensées, ajoute-» t-il, ont coûtume de n'avoir rien d'étrange ni » d'affecté dans leur manière de s'habiller, per-» suadés que la bienséance et la dignité, ou même » que le bon air ne consiste point dans une re-» cherche de bagatelles à la mode; de même les » esprits judicieux se contentent de n'avoir rien » d'étrange ni d'affecté dans leur manière de s'ex-» primer, persuadés, avec autant de raison, » que la beauté et le véritable agrément du lan-» gage est fort indépendant des minuties que » des Grammairiens s'amuseroient trop à discu-» ter. »

L'*usage* est *connu* lorsque l'on sait positivement qu'il est *constant* ou qu'il est *partagé*. Nous n'avons aucune observation à faire sur ce sujet, puisque tout ce qui peut concerner l'*usage connu*, rentre dans ce qu'on a dit des deux autres.

Enfin l'*usage* est *douteux* ou *obscur*, quand on ignore quelle est la pratique de ceux à qui il appartient de décider, ou quand cette pratique n'existe pas. Nous trouvons ici deux suppositions à faire ; l'une que l'*usage* existe, mais que nous ne le connoissons pas ; l'autre que cet *usage* n'a pas une existence réelle et suffisante ; c'est-à-dire, qu'il s'agit de choses si rares dans le langage de la cour, ou dans les ouvrages des bons écrivains, qu'il est absolument impossible de recueillir assez de voix, ou des voix assez respectables, pour y trouver l'autorité d'un *usage* réel. Mais ces deux suppositions nous conduisent également à notre dernière question, à laquelle elles appartiennent.

Cinquième Question. Quels sont les moyens de constater le bon *usage* ou d'y suppléer?

Une pluralité très-considérable de voix parmi les gens d'élite de la cour et de la littérature constitue le bon *usage*. Mais faut-il, pour chaque point mis en contestation, aller recueillir les voix de personne en personne, de maison en maison, de cotterie en cotterie, etc.? On sent que ce seroit une chose ridicule et absolument impraticable.

La difficulté sera bien plus grande encore si celui qui a des doutes, se trouve éloigné de la cour et de la capitale : il faudra qu'il écrive ; et il ne pourra s'adresser qu'à un petit nombre de personnes. D'ailleurs le voilà livré à la discrétion de ses correspondants ; et quelque confiance qu'il ait en eux, leur réponse ne pourra jamais produire une entière certitude : car saura-t-il s'ils ont été exempts de partialité, et s'ils ont fait les diligences requises? Ces correspondans enfin sont dans le même embarras que celui qui étant sur les lieux voudroit faire ces sortes de recherches pour lui-même. On s'en tient pour l'ordinaire à son propre *usage*, que l'on prend modestement pour l'*usage général ;* ou bien l'on consulte deux ou trois personnes de sa cotterie, que l'on regarde, toujours très-modestement, comme *la plus saine partie du public.* Or celà se réduit précisément à ne consulter que ceux qui à coup-sûr parlent comme nous.

Les Grammairiens que nous avons déjà tant cités, ont bien senti tout ce qu'il y a d'embarrassant dans ce nœud, dans ces difficultés qu'il est effectivement impossible de se dissimuler. Voilà pourquoi ils se sont demandés quels sont les véritables témoins du bon *usage*. Ces témoins n'existent pas, ou bien ce sont des hommes qui par état sont obligés d'étudier l'*usage*, d'en recueillir les décisions, de les confronter, et de les faire connoître. Si ces hommes s'égarent, s'ils sont négligents, ou ineptes, ou prévenus, s'ils trompent en un mot, ils se rendent coupables envers le public, et ne manquent pas d'en être punis d'une manière toujours cruelle pour l'amour-propre. D'ailleurs plusieurs d'entr'eux sont obligés de motiver leurs dépositions ; et nous pouvons juger de la solidité et de l'harmonie de leurs preuves. Enfin nous ne sommes pas pour l'ordinaire réduits à cet égard au malheur de n'avoir qu'un ou deux témoins à entendre ; nous en avons presque toujours un grand nombre, et l'on sent combien l'autorité des uns gagne à être fortifiée par l'autorité des autres. Si au contraire, ces témoins n'existent pas, c'est une raison de présumer que la langue ne vaut gueres la peine que l'on s'informe quels sont ses usages.

Au reste, les témoins dont il s'agit, sont 1°. les écrivains estimés pour leur style ; et c'est la voix publique, la renommée, qui nous fait connoître avec certitude quels sont les auteurs les plus célebres par leur exactitude dans le langage ; 2°. ces témoins sont plus particulièrement encore ceux qui ont acquis le plus de réputation par des ouvrages où l'on traite de la langue même, de ses regles, principes, ou *usages* ; 3°. enfin ces témoins sont les académies principalement consacrées à cet objet, s'il en existe de pareilles dans la capitale.

A ce sujet, que l'on me permette encore un mot du pere Buffier : « J'ai vu, dit-il, des académiciens (de l'académie françoise,) se récrier » contre des mots qu'ils ne croyoient pas avoir » passé dans leur dictionnaire, et qui ne laissent » pas de s'y rencontrer ». Cette observation ne peut que faire sentir la nécessité de confronter, dans tous les cas douteux, les décisions de l'académie avec les avis ou la pratique des écrivains les plus estimés. En effet, de quarante académiciens qui composent l'académie françoise, on sait qu'il n'y en a pour l'ordinaire que le plus petit nombre, (dix, douze, etc.) qui assistent aux assemblées ordinaires ; et c'est à la pluralité des voix entre les seuls académiciens présents, que les décisions se forment, d'où il suit qu'une décision de l'académie françoise, ne prouve guères que l'opinion de six ou sept académiciens sur quarante. Ce nombre diminue encore lorsque l'académie se partage en bureaux, comme celà s'est pratiqué pour son dictionnaire, quoiqu'ensuite le travail de chaque bureau fût rapporté à l'académie réunie ; car ces sortes de lectures de décisions rapportées, obtiennent pour l'ordinaire fort peu d'attention, et se font moins pour délibérer de nouveau, que pour rendre compte de ce qui a été fait. J'ajoûterai que les changements très-considérables qui ont été faits dans les dernières éditions de ce dictionnaire, sont en bonne partie de M. Duclos ; et ç'en est assez pour prouver que l'autorité de l'académie française ne devroit pas être décisive, s'il arrivoit qu'elle fut en opposition avec celle du plus grand nombre des Grammairiens les plus estimés de la nation.

Dans un temps où la langue se corrompt, rien

n'est plus aisé à un homme instruit, à un esprit attentif, que de reconnoître les *abus* qui s'y introduisent : ils portent avec eux un caractère de réprobation qui est frappant ; ils sont toujours en contradiction avec ce que les témoins du bon *usage* ont déposé, avec les principes qui décident des beautés, des perfections, des agréments, et de l'analogie sensible de la langue. On doit se roidir contre ces *abus*, autant qu'on peut le faire, sans courir le risque de n'être plus entendu, ou de n'être plus seul contre tous. Mais enfin je conçois qu'il faut bien finir par céder au torrent ; et se contenter de convenir, de soutenir que l'*abus* est un *abus* ; et que pour être dominant, il n'en est qu'un vice plus pernicieux ; l'unanimité, ou si l'on veut, la pluralité des voix, ne changeant pas la nature des choses, au point de faire un bien de ce qui est essentiellement un mal.

L'usage douteux, dit le pere Buffier, n'est point proprement un *usage*, puisque trop peu de personnes le suivent. Le plus sûr est d'éviter les expressions *douteuses*. M. Beauzée trouve que si la prononciation d'un mot est douteuse, c'est que la façon de l'écrire l'est également. Il est possible, à ce qu'il me semble, que cette conséquence ne soit pas aussi nécessaire qu'elle le paroît à ce digne Grammairien. Mais il a évidemment raison quand il nous renvoye à l'*analogie* pour décider les cas *obscurs* et *douteux*, qui ne sont tels que parce que l'*usage* n'existe pas ; l'*analogie* n'étant autre chose qu'une extension de l'*usage* à des cas semblables à ceux que cet *usage* a déjà décidés par le fait. Cette *analogie* bien saisie, bien suivie, est le seul bon moyen que l'on puisse indiquer pour suppléer au défaut d'*usage*, quoique son autorité soit nulle lorsqu'on l'oppose à un *usage connu* et *constant*.

Mais si l'analogie elle-même est douteuse, partagée, équivoque, ou peu sensible? L'homme prudent élude la difficulté en prenant un détour, en évitant l'expression dont il s'agit; tandis que l'homme de génie, que l'obstacle irrite et enhardit, se permet des licences qui souvent deviennent des licences heureuses, et entraînent le reste de la nation.

FIN DU SECOND ET DERNIER VOLUME.

ERRATA.

Page 14, ligne 14, qu'on la, *lisez*, qu'on le.
Page 15, ligne 1, qui désigne, *lisez*, qui désignât.
Page 24, ligne 28, la ranger, , *lisez*, le ranger.
Page 28, ligne 9, complément, *lisez*, compléments.
Page 33, ligne 3, conversion *lisez*, conversions.
Page 34, ligne 8, leur seul, *lisez*, leur seule.
Page 48, ligne 13, la théorême, *lisez*, le théorême.
Page 52, ligne 13, et pour, *lisez*, et par.
Page 60, ligne 13, d'expositions, *lisez*, d'expositives.
Page *idem*, ligne 14, des simples, *lisez*, de simples.
Page 63, ligne 22, d'énergie, *lisez*, d'énergie.
Page *idem*, ligne 30, si liut, *lisez*, si luit.
Page 64, ligne 9, son énoncée, *lisez*, son énoncé.
Page 65, ligne 4, a fait, *lisez*, la fait.
Page *idem*, ligne 7, désinances, *lisez*, désinences.
Page *idem*, ligne 33, je tomberais, lisez, je tomberai.
Page 68, ligne 31, Tumalo, *lisez*, Tumulo.
Page 71, ligne 18, opposition, *lisez*, apposition.
Page 78, ligne 25, dutisme, *lisez*, datisme.
Page 80, ligne 34, tassus, *lisez*, tassas.
Page 81, ligne 26, opposition, *lisez*, apposition.
Page 83, ligne 5, rendue; *lisez*, rendus.
Page 84, ligne 33, corrélatif, *lisez*, corrélatifs.
Page 88, ligne 32, empruntés, *lisez*, empruntées.
Page 107, ligne 14, d'entériorité. *lisez*, d'antériorité.
Page 112, ligne 25, ne convient, *lisez*, ne conviennent.
Page 113, ligne 31, reçues, *lisez*, reçus.
Page 117, ligne 14, le syllogisme, *lisez*, ce syllogisme.
Page 118, ligne 15, prosyllogisme, ce qui..., *lisez*, prosyllogisme. Ce qui...
Page 132, ligne 12, si vraie, *lisez*, si vrai.
Page 138, ligne 18, à cause qui, *lisez*, à cause de ceux qui.
Page *idem*, ligne 30, reçu, *lisez*, reçus.
Page 142, ligne 27, oiseuses, *lisez*, comme oiseuses.
Page 143, ligne 3, aux sciences, *lisez*, aux siennes.
Page *idem*, ligne 6, que la, *lisez*, que le.
Page 147, ligne 17, après l'avoir, *lisez*, après avoir.
Page 149, ligne première, ne doi, *lisez*, ne doit.
Page 150, ligne 27, conclnrons, *lisez*, conclurons.
Page 195, ligne 23, où, *lisez*, ou.
Page 230, ligne 6, le discordance, *lisez*, la discordance.

TABLE DES MATIÈRES

Contenues dans le second volume.

TROISIEME PARTIE.

QUATRIEME PARTIE.

www.ingramcontent.com/pod-product-compliance
Ingram Content Group UK Ltd.
Pitfield, Milton Keynes, MK11 3LW, UK
UKHW020547180726
13838UKWH00001B/82

9 782329 369266